# Edition Didaxis - Keys to teaching weaker students

Erprobte Methoden für den Englischunterricht mit schwachen und schwierigen Lernern

Es werden zahlreiche Übungsangebote vorgestellt:

- die die Lernbereitschaft erhöhen,
- in denen Sprachfertigkeiten und *social skills* geschult werden,
- die zu einer positiven Lernatmosphäre im Klassenraum beitragen und
- die das *classroom management* mit lernschwachen und schwierigen Schülerinnen und Schülern verbessern

## Der Autor

Michael Herrmann, Studiendirektor, Studium der Anglistik und Sportwissenschaften an der Freien Universität Berlin, arbeitete viele Jahre als Englisch- und Sportlehrer an verschiedenen Berliner Schulen (Sekundarschulen und Gymnasien) sowie an Schulen in England. Er unterrichtet seit über zwanzig Jahren in der Sekundarstufe I und II an der Otto-Hahn-Sekundarschule in Berlin und ist dort Fachbereichsleiter für moderne Fremdsprachen. Seit 2007 übt er in Berlin zudem die Tätigkeit als Multiplikator für Unterrichtsentwicklung im Fach Englisch aus. Im Rahmen dieser Tätigkeit führt er Fortbildungsveranstaltungen in Berlin und bundesweit durch. Darüber hinaus ist er als Fachberater für einen Schulbuchverlag tätig.

Seine Arbeits- und Fortbildungsschwerpunkte sind:

- Individualisiertes und kooperatives Lernen im Englischunterricht
- Englischunterricht mit schwierigen und lernschwachen Schülern
- Effective Teaching: Schüler aktivieren und Lehrer entlasten
- Schülermotivation im Englischunterricht
- Schulung der diversen Kompetenzbereiche im Englischunterricht

# Inhaltsverzeichnis

**Kapitel 1: Lehr- und Lernbereitschaft herstellen** ............ 5

**1.1 Lehrbereitschaft herstellen:** Anchor yourself ............ **6**

**1.2 Methoden zur Herstellung der Lernbereitschaft** ............ **7**

- Show me how you feel today ............ 7
- How do you feel today? – Draw it! ............ 8
- Doodle something on the board ............ 9
- On task or off task? ............ 10
- How long is a minute? ............ 11
- Squiggling ............ 12
- Guess the picture! ............ 13
- Devowelling ............ 14
- Hangman advanced ............ 15
- Matching game ............ 16
- Jump your opinion ............ 17
- Teacher as CD player ............ 18
- Opening routine – You name it! ............ 19
- Closing routine – Count down ............ 20
- Closing routine – Easy or difficult? A football cool down ............ 21

**Kapitel 2: Schulung sprachlicher Fertigkeiten und emotional-sozialer Kompetenzen** ............ 22

**2.1 Unterrichtsaktivitäten** ............ **26**

- What do we have in common? ............ 26
- Tell me three things you did … ............ 27
- What do you like doing? ............ 28
- Quick surveys ............ 30
- Name poster ............ 31
- Mini-talks: Listen and talk ............ 32
- So you said … ............ 33
- Team building ............ 34
- Group guessing ............ 35
- Line up ............ 36

**2.2 Methoden zur Herstellung einer positiven Lernumgebung** ............ **37**

- Have a smile on your face ............ 39
- Everything okay? ............ 39
- Praise them whenever you can! ............ 40
- Pause before you react ............ 43
- Use a full bag of rituals and routines ............ 44

**Kapitel 3: Tipps und Tricks zum classroom management**     **45**

- Cueing und tactical pausing    47
- Scan – Focus – Scan    48
- Magic word no. 1: Thank you!    48
- Anchoring    49
- Getting the noise level down    50
- Describe, direct and tactically ignore    51
- Choices    52
- Blocking and broken record technique    53
- Checkliste zum schnellen Einsatz im Unterricht    54

**Kopiervorlagen**

Show me how you feel today    55
On task or off task?    56
Matching game – The year    57
Matching game    58
Teacher as CD player    59
Easy or difficult? A football cool down    61
What do you like doing?    62
Quick surveys    63
Mini-talks: Listen and talk    64
Team building    66
Group guessing    67
Who should know a student did well?    68
"Frohbrief"    69
F.I.S.H.    70

**Literatur**     **71**

# Vorwort

Seit mehr als zwanzig Jahren unterrichte ich an einer Schule, an der es viele lernschwache und auch schwierige Schüler* gibt. Jeden Tag komme ich in die Schule und versuche immer wieder aufs Neue, mir Übungen zu überlegen, mit denen ich diese Schüler zum Englischunterricht motivieren kann. Seit mehreren Jahren beobachte ich, dass die Frage „Wie motiviere ich meine Schüler?" bei vielen Kollegen immer stärker in den Vordergrund rückt.
Es ist erwiesen, dass sich die Zeitabschnitte, in denen sich lernschwache Schüler konzentrieren können, stetig immer mehr verkürzen. Sehr oft muss ich mir bereits am Anfang etwas einfallen lassen, um die Schüler zur Ruhe bzw. zur Aktivität zu bringen. Ich beobachte zudem, dass schwierige Schüler es nicht gelernt haben, Verhaltensweisen im Unterricht zu zeigen, die eigentlich der Norm entsprechen sollten. Mir ist bewusst geworden, dass der erzieherische Aspekt in meinem Unterricht immer mehr an Bedeutung gewinnt und ich mir Übungsformen für meinen Unterricht überlegen muss, die ein Lernen sowohl auf der fachlichen als auch auf der emotional-sozialen Ebene ermöglichen.

Mit dem vorliegenden Buch möchte ich Ihnen mehrere Hilfen und Methoden an die Hand geben, um die Arbeit mit schwächeren und schwierigen Schülern zu erleichtern. Alle Übungsformen, die ich Ihnen vorschlagen möchte, habe ich im eigenen Unterricht erprobt. Bestimmt fallen Ihnen beim Lesen noch viele andere Übungsformen ein, die sich in Ihrem eigenen Unterricht bestens bewährt haben. Als langjährig praktizierender Lehrer verfügen Sie bereits über ein enormes Repertoire an Erfahrungswerten. Ich freue mich, wenn Sie die eine oder andere Anregung mit in Ihr Repertoire aufnehmen können. Ein größerer Erfahrungsschatz an Methoden, Ideen usw. kann sicherlich zu einer höheren Flexibilität beim Unterrichten führen. Sie werden jedoch mit Sicherheit feststellen, dass eine Übungsform wunderbar in der einen, jedoch überhaupt nicht in der anderen Gruppe funktioniert.
Ein Fortbildungsseminar, das ich 2012 bei Marie Delaney besucht habe, hat mich nachhaltig beeinflusst. Insbesondere dort ist mir bewusst geworden, dass der Schlüssel zum erfolgreichen Unterrichten von lernschwachen und schwierigen Schülern darin liegt, meine Einstellung als Lehrkraft beim Unterrichten dieser Jugendlichen zu verändern. Trotz der zahlreichen Probleme, die im Unterricht entstehen können, kommt es immer wieder zu positiven Momenten. Es lohnt sich, genau an diese Momente anzuknüpfen und die in diesem Buch aufgeführten Ideen können dazu beitragen, eine andere Sichtweise auf diese Jugendlichen zu bekommen. Nicht immer gibt es eine Antwort auf jedes Problem. Doch es hilft, den Blick auf das Positive zu richten. Aus dieser Sichtweise heraus fällt es viel leichter, als Lehrer eine beobachtende und hinterfragende Rolle einzunehmen. Der Unterricht wird dann weniger zur Last, sondern eher zu einer Herausforderung, bei der es immer wieder darum geht, den passenden Schlüssel für einen schwierigen Schüler oder eine Unterrichtssituation zu finden. Ganz automatisch werden dann immer mehr Situationen geschaffen, in denen es sich sehr gut und effektiv mit schwierigen Schülern arbeiten lässt. Dann kann Unterricht mit schwierigen Schülern sogar richtig Spaß machen.

Ich wünsche Ihnen bei der Erprobung und Umsetzung der Ideen viel Freude und Erfolg.

---

* In diesem Buch meide ich Doppelformen wie „Schülerinnen und Schüler" oder „Lehrerinnen und Lehrer" usw., um ein flüssiges Lesen zu gewährleisten. Ich fasse damit selbstverständlich die weiblichen und männlichen Formen gleichrangig zusammen.

# Kapitel 1: Lehr- und Lernbereitschaft herstellen

Nicht jeder Tag ist gleich. Wenn ich als Lehrer eine Klasse mit lernschwachen Schülern betrete, weiß ich eigentlich nicht, was mich erwartet. Manchmal habe ich eine ganz müde Gruppe vor mir, die erst einmal aktiviert werden muss. Berüchtigte Stunden für diese Situation sind die Morgenstunden, also beispielsweise montags in der ersten Stunde.

Dann gibt es aber auch Stunden, in denen die Jugendlichen einfach außer Rand und Band sind. Sie kommen aus der Mittagspause in den Klassenraum und sind völlig aufgedreht, an normalen Englischunterricht ist zunächst nicht zu denken. Die Gründe hierfür sind vielfältig. Zum einen sind die ganz normalen Aktivitätsschwankungen, die während eines Schultages auftreten können, zu nennen. Phasen erhöhter und geringerer Aktivität folgen dabei dem natürlichen persönlichen Biorhythmus. Zum anderen sind umfeldbedingte Ursachen wie chronischer Schlafmangel und ständige Reizüberflutung als Gründe anzuführen (siehe Kieweg 2012: 5).

Wie dem auch sei. Wichtig ist, als Lehrkraft auf alles vorbereitet zu sein – nach dem Motto *Expect the unexpected …* – und sich nicht aus der Ruhe bringen zu lassen. Die Methode *Anchor yourself* stellt eine Möglichkeit dar, wie man als Lehrkraft gelassener und ruhiger in eine schwierige Gruppe gehen kann.

Dies ist natürlich oft leichter gesagt als getan, denn auch Lehrer haben gute und schlechte Tage. Hilfreich sind auf jeden Fall einige Techniken, die es einem zunächst ermöglichen, herauszufinden, in welcher Verfassung die Jugendlichen gerade sind. Darauf aufbauend können zielgerichtet Methoden eingesetzt werden, um die Bereitschaft für eine aktive Teilnahme am Englischunterricht herzustellen.

Nicht zuletzt ist es auch für die Lehrkraft wichtig, Hilfen zu kennen, um in schwierigen Situationen am Anfang der Unterrichtsstunde angemessen und nervenschonend zu reagieren. Im Folgenden werden zunächst einige *Focusing activities* beschrieben, die helfen können, die Lernbereitschaft in einer schwierigen Lerngruppe herzustellen. Die meisten Übungen, die vorgestellt werden, können durch leichte Veränderungen in jeder Klassenstufe eingesetzt werden.

## 1.1 Lehrbereitschaft herstellen

## Anchor yourself

**Ziele:** Die eigene Lehrbereitschaft herstellen, sich beruhigen, Gelassenheit entwickeln

**Material:** evtl. ein Bild/Foto als Lesezeichen oder ein Gegenstand, der die Funktion eines Handschmeichlers übernehmen kann

**Ablauf und Kommentar:** Diese Übung ist für die Lehrkraft gedacht und lehnt sich an den Begriff des „anchoring" aus der Neurolinguistischen Programmierung an. Ein Anker ist dort als Stimulus definiert, der immer wieder die gleiche Reaktion aufruft (vgl. Nitsche 2009: 27). Ziel ist es, einen persönlichen Anker zu finden, der es einem ermöglicht, in einem ruhigen Zustand in eine schwierige Klasse zu gehen. Mein ganz persönlicher Anker ist das innere Bild, wie ich bei Sonnenschein am Strand entlang jogge. Bevor ich nun eine schwierige Klasse betrete, rufe ich dieses Bild ab. In den meisten Fällen gelingt es mir dann, in einem gelasseneren und fröhlicheren Zustand in die Klasse zu gehen. Nur in solch einem Zustand ist es möglich, von Anfang an auf ein positives Lernklima hinzuwirken. Die in diesem Buch vorgestellten Übungen und Ideen können dann viel eher und effektiver „an den Schüler gebracht werden". Zudem kann auf die vielfältigen Situationen, die während einer Unterrichtsstunde entstehen können, viel gelassener und adäquater reagiert werden. Kommt es z. B. zu einer plötzlich auftretenden Störung, hilft die Rückbesinnung auf den eigenen Anker, eine kurze Pause zwischen der Störung und der eigenen Reaktion zu setzen. Übereilte und überzogene Reaktionen (Brüllen, negative Äußerungen, in eine Konfrontation mit einem Schüler gehen usw.) treten seltener auf (siehe auch Kapitel 2.2: *Pause before you react*).

Es lohnt sich, diese Technik zumindest einmal auszuprobieren. Nicht zuletzt trägt sie auch ganz wesentlich zum Schutz der eigenen Gesundheit bei. Dabei ist es wichtig, dass jeder seinen ganz persönlichen Anker findet. Weitere, mir bekannte Anker, die erfolgreich von Kollegen eingesetzt werden, sind beispielsweise:

- das Bild der eigenen Familie als Lesezeichen im Unterrichtsbuch
- ein besonderer Stein oder Talisman in der Hosentasche
- eine Muschel in der Hosentasche, die einen an einen schönen Urlaub erinnert
- der kurze Blick aus dem Fenster, mit dem dann ein eigenes positives Bild abgerufen wird

## 1.2 Methoden zur Herstellung der Lernbereitschaft

### Show me how you feel today

**Ziele:**

- die Situation in der Klasse erfassen
- den Schülern die Möglichkeit geben, ihre Gefühlssituation zum Ausdruck zu bringen

**Material:** ggf. Kopiervorlage 1 (S.55)

**Ablauf:** Die Schüler werden aufgefordert, ihren Gefühlszustand gemäß einer Skala durch die entsprechende Anzahl von Fingern anzuzeigen: *Show me with your fingers on a scale between 10 (for very good) and 0 (for very bad) how you feel today.*

**Kommentar:** Durch diese simple Abfrage bekommen die Schüler das Gefühl vermittelt, dass sich die Lehrkraft kümmert. Die Abfrage, bei der alle Schüler zeitgleich ihren Gemütszustand anzeigen, ermöglicht, eine schnelle Übersicht, ob vor der geplanten Stoffvermittlung eine aktivierende oder beruhigende Übung folgen sollte.
Als mögliche Anschlussfrage hat sich auch bewährt: *What could we do to make you feel better?* Ich bin dann oft selbst überrascht, welche Punkte von den Schülern genannt werden. Schon das einfache Reden über Gefühle und Möglichkeiten kann helfen, die Lernbereitschaft für die Stunde herzustellen.

**Alternative:** Es kann auch mit einer Skala von 0–5 gearbeitet werden. Dann können die verschiedenen Stimmungen einzeln abgefragt und das Ergebnis an der Tafel festgehalten werden, z. B. *If you feel great show me five fingers! Who feels pretty good? Show me a five. Anyone who feels bad? Show me your fist.*

**Variation:** Abstimmung per Handzeichen: *Show me with your thumb how you feel today. "Up" is for good, "down" is for bad, "middle" is for so, so.*
Dazu kann Kopiervorlage 1 auf Folie kopiert werden.
Das Umfrageergebnis kann dort (mit einem wasserlöslichen Folienstift) in die leeren Säulen-Diagramme eingetragen werden.

## How do you feel today? – Draw it!

**Ziele:**

- die Situation in der Klasse erfassen
- den Schülern Zeit geben, ihre Gefühle zu symbolisieren
- Beruhigung

**Material:** Klebezettel, Papierstreifen o.Ä.

**Ablauf:** Die Schüler malen ein Gesicht (oder anderes Symbol) auf den Klebezettel und schreiben ihren Namen dazu. Dieses Gesicht soll symbolisieren, wie sich der Schüler gerade fühlt. Zusätzlich schreibt der Schüler seinen Namen auf den Klebezettel. Im weiteren Verlauf werden die Klebezettel mit der selbst klebenden Rückseite von den Lernern an die Tafel geklebt. Nun könnte z. B. eine paarweise Zuordnung vorgenommen werden, die eine neue Sitzordnung der Schüler ermöglicht.

**Kommentar:** Gerade in einer recht aufgewühlten Klasse bewirkt diese einfache Übung oft Wunder. Die Schüler bekommen Zeit eingeräumt, um ihre Gefühle zum Ausdruck zu bringen. Insbesondere die visuellen Lerner sprechen sehr gut darauf an.

**Variation:** Die Schüler kleben ihre Zettel auf einer Skala an der Tafel auf:

---------------------------------------------------------------------------------------------------
*very bad*                               *so, so*                               *very good*

Hier kann sich ein gemeinsames Gespräch anschließen:
*What could we do to make everybody feel better?*
*What could we do to make … (pupil's name) feel better?*

## Doodle something on the board

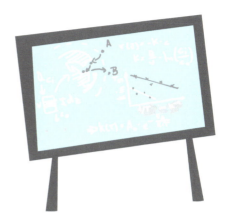

**Ziele:**

- eine unruhige Klasse zur Ruhe bringen
- Konzentration und Fokus am Anfang oder während der Stunde herstellen

**Material:** Tafel / Whiteboard

**Ablauf:** Es wird ein Bild, eine Skizze o.Ä. an die Tafel gezeichnet. Dieses Bild sollte etwas darstellen, das das Interesse der Schüler weckt. Der Lehrer könnte beispielsweise sein Haus oder einen Ferienort oder auch etwas, das mit dem Unterrichtsthema zu tun hat und neugierig macht, anzeichnen. In den unruhigsten Klassen gibt es meist einen Schüler, der Näheres über das wissen will, was die Lehrkraft gerade angezeichnet hat. Wichtig ist es, der Klasse zu signalisieren, dass die Schülerfragen erst dann beantwortet werden, wenn Ruhe in der Klasse eingetreten ist: *When you've settled, I'll explain.*

**Kommentar:** In einer sehr unruhigen Klasse ist es besonders wichtig, eine Übungsform zu wählen, die beruhigend auf die Klasse wirkt. In der Regel ist es effektiver abzuwarten, bis sich die Gruppe beruhigt und gesammelt hat. Als Lehrer ist man sehr schnell geneigt, solche unruhigen Situationen kontrollieren zu wollen. Doch ein zu schnelles Einschreiten kann oft das Gegenteil von dem, was eigentlich erreicht werden soll, bewirken. Schüler können sich in ihrem unruhigen Verhalten schnell gegenseitig hochschaukeln und es kann möglicherweise zu Situationen kommen, die nur schwer zu kontrollieren sind.

**Variation:** Ich nutze diese Methode auch dann, wenn ich merke, dass die Klasse unruhiger wird. In solchen Situationen zeichne ich schrittweise ein trauriges Gesicht an die Tafel. Wenn ich den Fokus der Klasse wieder zurück bekommen habe, versuche ich die Klasse einzubeziehen: *What could we do to focus on our task again?* Die Schüler kommen meist von ganz alleine darauf, was zu verbessern ist.

## On task or off task?

**Ziele:**

- die Konzentration während einer Arbeitsphase erhalten
- Schüler sollen ein Gefühl für eine konzentrierte Arbeitsatmosphäre entwickeln

**Material:** eine Skala als Tafelbild oder ein Barometer (siehe Kopiervorlage 2, S.56) an zentraler Stelle des Klassenraums oder an der Whiteboard anbringen

**Ablauf:** Während einer Schülerarbeitsphase zeigt der Lehrer auf die Skala bzw. das Barometer, um den Schülern zu visualisieren, inwieweit sich ihre Konzentration auf die Aufgabe verändert. Kopiervorlage 2 kann auf DIN-A3 vergrößert und ausgeschnitten werden. Auf Pappe aufgeklebt, erhält das Barometer Stabilität. Der Pfeil wird auf eine Wäscheklammer aufgeklebt, so dass er am Barometer den jeweils aktuellen Konzentrationsstand anzeigen kann.

**Kommentar:** Insbesondere visuelle Lerner sprechen sehr gut auf dieses Instrument an. Ein weiterer Vorteil des Barometers ist es, dass durch dessen Einsatz Stimme und Nerven der Lehrkraft geschont werden.

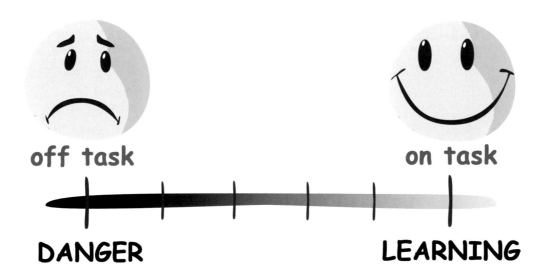

## How long is a minute?

**Ziele:**

- Beruhigung, Konzentration herstellen
- Schüler sollen lernen, Stille auszuhalten

**Material:** keins

**Ablauf:** Die Schüler stellen sich hin, schließen die Augen und schweigen auf Kommando eine Minute lang. Wenn sie der Meinung sind, dass die Minute vorbei ist, setzen sie sich wieder hin: *Can you guess how long one minute is with your eyes closed? Everybody stand up. Close your eyes. I'll tell you when I start taking the time with my stop watch. You sit down when you think one minute is over. Ready? OK, Time's running …*
Wenn alle Schüler sitzen, werden diejenigen, die sich genau nach Ablauf einer Minute hingesetzt haben, nach ihrer persönlichen Strategie befragt: *Have you used any special strategy?* Die Schüler könnten dann beispielsweise folgende Antworten geben: *I counted to sixty. I visualized a clock with a hand for the seconds. I tapped sixty times with my finger.*

**Kommentar:** Für viele Schüler strahlt diese Übung eine gewisse Faszination aus, da sie Stille von ihrem häuslichen Umfeld her oft nicht kennen. Es kann passieren, dass einige während dieser Phase anfangen, herumzualbern und die anderen stören. In den meisten Fällen ist dieses Verhalten darauf zurückzuführen, dass die plötzliche Stille ein Gefühl der Unsicherheit bei den Jugendlichen auslöst. Möglicherweise wäre es dann angebracht, die Stillephase zeitlich zu verkürzen und mit kurzen Schweigephasen von etwa 20 Sekunden zu beginnen.

## Squiggling

**Ziele:**

- Beruhigung
- den Lernraum mit anderen teilen
- Förderung der Kreativität

**Material:** DIN-A3 Papier, Buntstifte

**Ablauf:** Jeweils zwei Schüler erhalten ein leeres DIN-A3 Blatt und farbige Stifte, die die Schüler auswählen können. Auf ein Signal hin kritzelt ein Schüler etwas auf das Papier. Der Partner macht daraus ein Bild: *Work with your partner. Take a sheet of paper. Partner A doodle something on the paper. Partner B make a picture out of it.* Danach werden die Rollen getauscht und es können drei oder mehr Durchgänge durchgeführt werden. Als Folgeübung könnten die Partner dann beispielsweise ein Wortfeld zu ihrer Zeichnung erstellen oder eine kurze Geschichte zu ihren Bildern aufschreiben.

**Kommentar:** Oft gibt es in schwierigen Gruppen Schüler, die sehr dominant auftreten und es nicht ertragen können, Kontrolle abzugeben. Gerade für diese Schüler eignet sich diese Übung besonders gut, da sie sich dabei nicht beweisen müssen. Die Lehrer sollten deshalb auch von Anfang an darauf hinweisen, dass es bei der Übung weder ein „richtig" noch ein „falsch" gibt. Deshalb sollten auch am Anfang keine speziellen inhaltlichen Vorgaben an die Schüler gegeben werden (vgl. Delaney 2010: 63).
Die Übung *Squiggling* basiert auf einer therapeutischen Übungsform nach D.W. Winnicott (1971).

## Guess the picture!

**Ziele:**

- Konzentration und Fokus herstellen
- Schüler sollen lernen, gezielt Fragen zu stellen

**Material:** Bild oder Foto, z.B. aus einem Lehrbuch (evtl. auf Folie kopiert), Klebezettel

**Ablauf:** Der Lehrer bedeckt ein Bild vollständig mit kleinen Klebezetteln. Die Schüler stellen „ja/nein"-Fragen und versuchen herauszufinden, was für ein Bild sich hinter den Klebezetteln befindet. Immer wenn eine Antwort richtig ist, wird ein Klebezettel vom Bild entfernt: *This is a picture covered with sticky labels. You can ask 'yes' or 'no' questions only. For every 'yes' answer I'll take away one sticky label.*

**Kommentar:** Bei dieser Übung ist es häufig zunächst so, dass die Schüler wild drauflos rufen. Wichtig ist es deshalb, dass nur dann ein Klebezettel entfernt wird, wenn tatsächlich ein Schüler die Frage allein gestellt hat. Die Übung kann sehr effektiv sein, bedarf jedoch zunächst etwas Geduld.

**Variation:** Es stellen sich zwei Mannschaften jeweils hintereinander in einer Reihe auf. Die Schüler der Mannschaften sind abwechselnd an der Reihe und stellen *yes/no-questions*.

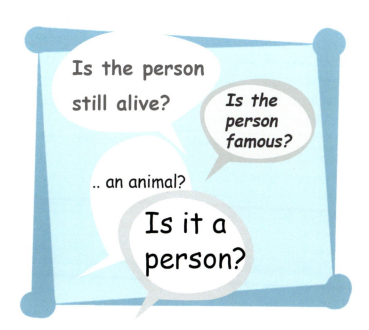

### Devowelling
*(nach Delaney 2009: 15)*

**Ziele:**

- Konzentration und Fokus herstellen
- Beruhigung

**Material:** Tafel

**Ablauf:** Die Lehrkraft schreibt vor Stundenbeginn einen Satz ohne die Vokale an die Tafel. Die Schüler kommen in die Klasse und versuchen, das Rätsel zu lösen.

---

**n th glsh lssns ts mprtnt t gt rd f lrnng qukl**
*(In the English lessons it's important to get ready for learning quickly.)*

---

**Kommentar:** Diese Art der Fokussierung ist effektiv, wenn die Klasse unruhig ist oder wenn die Situation auftritt, dass die Schüler nacheinander den Klassenraum betreten. Diejenigen, die bereits sitzen oder sich schon etwas beruhigt haben, beginnen mit der Lösung des Rätsels. Dies kann mündlich oder schriftlich erfolgen. Der Lehrer wird beim Herstellen der Lernbereitschaft deutlich entlastet, da der Fokus auf den visuellen Input an der Tafel gelenkt wird. Ein weiterer Vorteil liegt darin, dass wichtige Regeln, Lerninhalte o.ä. erneut verdeutlicht werden können. Weitere Beispiele hierfür könnten sein: *It is important to arrive on time for your English lessons. Always do and bring in your homework.*

**Variation:** Diese Art der Fokussierung ermöglicht eine Vielzahl an Variationen. So können beispielsweise Wörter rückwärts angeschrieben werden. Weiterhin bieten sich hierfür auch kleine Quiz-Rätsel oder mathematische Rätselaufgaben an.

## Hangman advanced

**Ziele:**

- Konzentration (Selbstkompetenz)
- Beruhigung und den Fokus nach vorne lenken
- Die Schüler sollen lernen, den anderen zuzuhören (Sozialkompetenz)

**Material:** Tafel

**Ablauf:** Diese Übung ist eine Adaption des bekannten *Hangman* Spiels. Es sollen hier Wörter eines Satzes erraten werden:

```
___  __  ____  __  __  _____  ___  _____  __  ___  _____.
(It  is  nice  to  be  friendly  and  quiet  in  the  classroom.)
```

Je nach Schwierigkeit des Satzes kann der Lehrer ein Wort oder mehr vorgeben. Einen Strich beim *hangman* gibt es erst dann, wenn ein Schüler ein Wort, das bereits gesagt wurde, wiederholt.

**Kommentar:** Durch den Wettbewerbscharakter stellt diese Art der Übung schnell einen Fokus in unkonzentrierten und unruhigen Klassen her. Insbesondere Jugendliche, die sich bei der Erledigung von Aufgaben im Unterricht oft unwillig zeigen, werden hier durch den Wettbewerbscharakter der Übung mit ihrer Aufmerksamkeit auf das Lernen gelenkt (Delaney 2010: 134). Zusätzlich lernen die Schüler auch einander zuzuhören.

**Referenz:** Diese Übung habe ich bei einem Workshop von Marie Delaney kennengelernt.

## Matching game

**Ziele:**

- Fokussierung der Aufmerksamkeit auf eine Aufgabe
- Wiederholung von Lerninhalten
- Herstellen einer Struktur

**Material:** Kopiervorlage 3 (S.57), Kopiervorlage 4 (S.58)

**Ablauf:** Auf die Kärtchen, die sich auf der Kopiervorlage gegenüber liegen, werden Sätze *(questions and answers)*, Wörter (z. B. englisch-deutsch), Rechenaufgaben (Rechnung und Lösung in Zahlwörtern) o.Ä. geschrieben, die zueinander passen. Beispielsweise könnte an der einen Seite eine Frage *(What is the first month of the year?)* und auf der anderen Seite die Antwort *(January)* stehen. Die Kopiervorlage 3 zum Themenfeld *week, month and year* kann direkt im Unterricht eingesetzt werden, wobei die Schüler als Differenzierungsmöglichkeit in die letzten beiden Feldern eigene Fragen aufschreiben können. Die leere Kopiervorlage 4 bietet die Möglichkeit, weitere Themen- und Wortfelder zu bearbeiten.

**Kommentar:** Die Übung kann in Einzelarbeit, mit einem Partner oder in der Gruppe durchgeführt werden. Der Vorteil liegt darin, dass Lerninhalte wiederholt werden können. Indem auf der einen Seite kurze Rechenaufgaben und auf der anderen Seite die Lösungen aufgeschrieben werden, können mathematischen Lernertypen ihre Fähigkeiten in die Englischstunden einbringen.

**Variation:** Die Kopiervorlage kann auch in der Stunde davor von den Schülern (reihum) im Unterricht ausgefüllt und dann als Fokussierungsaufgabe in der Folgestunde eingesetzt werden.

## Jump your opinion

**Ziele:**

- Aktivierung
- Schüler sollen lernen, anderen zuzuhören
- akzeptieren, dass ein Einzelner eine andere Meinung haben kann

**Material:** breites Krepp-Klebeband

**Ablauf:** In der Mitte des Klassenraums wird ein Klebestreifen auf den Boden geklebt. Die Jugendlichen stellen sich zu Beginn der Übung auf diesen Streifen. Der Lehrer liest nun hintereinander Sätze wie z. B. *I like playing football* vor. Stimmen die Jugendlichen diesem Satz zu, springen sie nach rechts. Falls sie anderer Meinung sind, springen sie nach links.

**Kommentar:** Diese Übung ist insbesondere für die berüchtigten Morgenstunden geeignet, in denen die Schüler häufig müde in die Schule kommen. Die Übung aktiviert, eignet sich für die kinästhetischen Lerner und ist zugleich eine hervorragende Schulung des Hörverstehens. Damit sich die Übung schnell umsetzen lässt, sind zunächst einige Verhaltensweisen, wie das gemeinsame Beiseitestellen der Tische und das Sich-geordnet-Aufstellen zu trainieren.

## Teacher as CD player

**Ziele:**

- Fokussierung auf das Gehörte, Hörverstehen, Zuhören lernen
- als Team arbeiten
- Erlernen und Vertiefen von Vokabular

**Material:** jeweils 18 kleine Papierstreifen pro Schülerpaar (siehe Kopiervorlage 5, S.59), Unterrichtsablauf (siehe Kopiervorlage 5a, S.60 – *Teacher's material only*)

**Ablauf:** Jedes Schülerpaar bekommt 18 kleine Papierkärtchen, die sie untereinander aufteilen. Der Lehrer gibt dann folgende Instruktion an die Schüler:
*This is a dictation. One word, one slip of paper. Take it in turns. Student A writes the first word, student B the second, student A the third and so on. I am a CD player. You can control me. I have three buttons: stop, rewind, play. When you say 'stop' I will stop dictating. When you say 'rewind' I will repeat the last words. And when you say 'play' I will start dictating.*
Die einzelnen Wörter aus dem Unterrichtsablauf (S.60) werden je nach Schüleranweisung diktiert. Nach Beendigung des Diktierens versuchen die Schüler die Wörter auf ihren Papierstreifen so nebeneinander zu legen, dass sich daraus Kollokationen ergeben. Der Lehrer geht herum und gibt ggf. leichte Hilfen.
Nachdem die Richtigkeit der Kollokationen im Plenum überprüft wurde, werden die Sätze auf Kopiervorlage 5a, die für den Einsatz durch den Lehrer bestimmt ist, vorgelesen und die Schüler ergänzen diese, indem die ganze Lerngruppe die jeweilige Kollokation laut sagt.

**Kommentar:** Diese Übung ist äußerst effektiv, wenn neben der Schulung des Hörverstehens das Zuhören geschult werden soll. Wenn der Lehrer die Rolle des *CD player* übernimmt, sollte er bewusst in diese Rolle schlüpfen. Von dieser Position aus ist es sehr interessant zu beobachten, wie sich die Gruppe selber steuert. In der Regel kommt es am Anfang zu einem Durcheinander. In dieser Phase sollte der Lehrer nicht steuernd eingreifen. Ziel ist es, dass die Lerngruppe selbst erkennt, welche Tugenden beim Zuhören wichtig sind (Ruhe und Konzentration, kein Dazwischenrufen, nur einer gibt die Kommandos). Dies gelingt meist gut und führt am Ende zu einem Erfolgserlebnis bei den Jugendlichen. In Situationen, in denen eine generelle Unruhe in der Klasse herrscht, hilft diese Übungsform sehr, die Schüler zu fokussieren.

**Variation:** Die für den Unterrichtsablauf ausgewählten Kollokationen entsprechen dem Lernstand der 7./8. Jahrgangsstufe. Diese Übung kann von der Lexik her beliebig variiert werden. Es ist darauf zu achten, dass es sich immer um Wortpaare handelt (z. B. *phrasal verbs, collocations, verb + gerund*). In Lerngruppen, die auf Bewegung im Unterricht ansprechen, könnten von der Lehrkraft oder den Lernenden Gesten oder Bewegungen zu den einzelnen Kollokationen vorgemacht werden. Die anderen Schüler versuchen dann wieder, die entsprechende Kollokation zu nennen.

**Referenz:** Diese Übung basiert auf einer Unterrichtsidee von Paul Davis und Mario Rinvolucri (1989).

## Opening routine – You name it!

**Ziele:**

- Fokussierung auf die Lernsituation
- Wiederholung und Umwälzung von Lerninhalten
- einer Stunde durch den Einsatz eines Rituals Struktur geben
- Zuhören üben

**Material:** keins

**Ablauf:** Zu Stundenbeginn werden die Namen der einzelnen Schüler nacheinander aufgerufen: *When I call your name say a word that has something to do with free time activities.* Die Jugendlichen nennen dann nacheinander ihr Wort.

**Kommentar:** Diese Übung ist ein Beispiel für ein Abrageritual, das am Anfang der Stunde eingesetzt werden kann. Dieses sollte aber nicht als ausschließliches Abtesten von Wissen eingesetzt werden. Neben der Wiederholung bestimmter Lerninhalte soll der Fokus auf das Lernen und auch auf das Zuhören gelenkt werden. Deshalb bietet sich immer der Zusatz an: *Try to say a word which hasn't been said before.* Ein Schüler sollte auch die Freiheit bekommen, ggf. mit *I don't know* zu antworten.
Schwierige Schüler leiden teilweise unter chaotischen Verhältnissen in ihrem häuslichen Umfeld. Beispiele hierfür sind Fälle von häuslicher Gewalt, der mögliche Verlust oder die Trennung von Elternteilen oder die Konfrontation mit (Alltags-) Drogen (Delaney 2010: 24–25). Deshalb ist es sehr wichtig, Übungen wie die hier beschriebene regelmäßig und damit für die Schüler verlässlich einzusetzen. So wird für die Schüler eine gewisse Struktur und Ordnung hergestellt.

**Variation:** Bei der Übung kann wie bei *Hangman advanced* ein Wettbewerbscharakter zugefügt werden, indem bei jedem zweimal genannten Wort ein Strich an die Tafel gezeichnet wird. Die Schüler werden hierbei motiviert, als Team zu arbeiten, um zu verhindern, dass das Männchen gehängt wird. Ferner kann die Übung so variiert werden, dass die Jugendlichen sich einander zuhören müssen. Beispielsweise könnte gesagt werden: *Say the opposite of the word which has been said before (boy – girl).* Der erste Schüler nennt demnach das Wort *boy* und der nächste Schüler nennt beispielsweise das Wort *girl.* Der Schüler, der danach dran ist, beginnt mit einem neuen Wort, z. B. *food.* Sich daran anschließend könnte als nächstes das Wort *drink* genannt werden.

## Closing routine – Count down
*(nach Delaney 2010: 46)*

**Ziele:**

- Fokussierung am Stundenende, Konzentration herstellen
- einer Stunde durch den Einsatz eines Rituals Struktur geben
- das Zuhören üben und lernen, als Team zu arbeiten

**Material:** keins

**Ablauf:** Die Schüler sollen nacheinander von 1 bis 10 auf Englisch zählen. Der erste beginnt mit *one*, dann folgt *two* usw. Falls ein Schüler einen Fehler macht oder zwei Schüler gleichzeitig reden, beginnt das Zählen von vorne. Je nach Klassenstufe kann das Zählen variiert werden, z. B. in Zehnerschritten *(ten, twenty, thirty)*, in Zweier- *(two, four, six)* oder Fünferschritten *(five, ten, fifteen)* oder rückwärts als *countdown*, usw.

**Kommentar:** Die Jugendlichen am Ende einer Unterrichtsstunde zu fokussieren ist genauso wichtig wie zu Stundenbeginn. Die jeweilige Stunde bekommt damit eine klare Struktur, was für lernschwache Schüler äußerst wichtig ist. Nach einer Lernphase im Unterricht erfolgt damit ein klarer Übergang zu der nächsten Stunde. Gerade in Stunden, in denen die Jugendlichen mündlich aktiv sind, tritt damit eine gewisse Beruhigung ein und das hektische Herausrennen aus dem Klassenraum wird vermieden. Oft ist es in schwierigen Lerngruppen nicht so einfach, nach einer Arbeitsphase die Bereitschaft für diese abschließende Übung herzustellen. Hier ist es hilfreich, wenn sich der Lehrer zentral und klar sichtbar für die Schüler im Klassenraum aufstellt. Danach erfolgt ein nonverbales Signal wie z. B. an die Tafel klopfen oder der Lehrer wartet einfach nur für einige Sekunden. Mit kurzen Codewörtern, wie z. B. *Stop* – [Pause] – *Look* – [Pause] – *Listen*, wird dann effektiv eine Bereitschaft zum Zuhören hergestellt (Rogers 2006: 97). Auf diese Technik wird in Kapitel 3 „Tipps und Tricks zum *classroom management*" näher eingegangen.

**Variation:** Diese Übung lässt sich auf vielfältige Weise variieren. Beispielsweise könnten die Monatsnamen aufgezählt werden. Dabei sind Schwierigkeitssteigerungen möglich, indem z. B. rückwärts aufgezählt wird (s.o.). Bestimmte Lerninhalte wie erlernte Vokabeln könnten auf diese Weise kurz wiederholt werden.

## Closing routine – Easy or difficult? A football cool down

**Ziele:**

- Fokussierung am Stundenende
- über das eigene Lernen nachdenken
- Erfolgserlebnisse vermitteln

**Material:** Kopiervorlage 6 (S.61)

**Ablauf:** Die Schüler füllen in regelmäßigen Abständen die Kopiervorlage 6 aus. Es wird eingetragen, welche Aktivitäten der Stunde oder der Unterrichtseinheit von ihnen als leicht und schwierig empfunden wurden. Die ausgefüllten Blätter können von den Schülern abgeheftet oder auch dem Lehrer gezeigt werden.

**Kommentar:** *Instead of moving like an express train from minute one to minute 45, it's much better to move more like a local train making stops throughout my class session – I find I pick up more passengers on the way.* (Cindy Stern, in: Dodge 2005: 45)
Dieses Zitat einer amerikanischen Lehrerin beschreibt sehr treffend die Wichtigkeit dieser Übung. Was eigentlich für alle Schüler gilt, ist besonders wichtig für Schüler mit Lernschwierigkeiten. Das erlernte Wissen zu konsolidieren und notwendige Pausen beim Lernen einzuplanen hilft dabei, den Lernenden Erfolgserlebnisse zu vermitteln (Kieweg 2012: 12). Gleichzeitig trägt diese Form der Reflexion auch dazu bei, dem Lehrer einen Überblick zu geben, wie im Lehr- und Lernprozess weiter vorangegangen werden könnte. So könnte aus dem ausgefüllten Fußball ggf. ein individueller „Trainingsplan" entwickelt werden.
Durch die bildliche Verwendung eines Fußballs zur Reflexion bekommt die Übung einen spielerischen Charakter, der es den Schülern oft erleichtert, über das eigene Lernen nachzudenken. Das Ausfüllen des Fußballs funktioniert besonders gut bei Jungen und bewegungsorientierten Lerngruppen.

**Variation:** Es ist auch möglich, dass die Lernenden ihre eigenen Bilder zeichnen (z. B. in Form von Lernlandkarten), in denen dann eingetragen wird, was leicht und was schwer gefallen ist.

# Kapitel 2: Schulung sprachlicher Fertigkeiten und emotional-sozialer Kompetenzen

Auf Fortbildungsveranstaltungen kommt früher oder später immer die Frage auf, wie denn Schüler zum Englischunterricht motiviert werden können. Dies ist eine sehr zentrale Frage, die eigentlich für alle Lernenden und insbesondere für schwierige und lernschwache Schüler gilt. Zoltán Dörnyei (2001) ist dieser Fragestellung intensiv nachgegangen und hat festgestellt, dass es ganz wesentlich auf die Begeisterung und das Engagement durch die Lehrkraft ankommt. Lernende werden zum Englischunterricht motiviert, wenn es immer wieder gelingt,

- auf ihre Interessen und ihren Lebensweltbezug einzugehen,
- eine angenehme und konstruktive Lernatmosphäre im Unterricht herzustellen,
- eine gute Lehrer-Schülerbeziehung aufzubauen,
- das Selbstwertgefühl der Lernenden zu stärken.

Schwierige Schüler kommen in der Regel gerne in die Schule, da dies ein Ort ist, der ihnen eine Struktur gibt. Es gibt dort Regeln, die zu Hause oft ganz fehlen. Sie treffen ihre Freunde und haben den direkten sozialen Kontakt, der in Zeiten des Internets und der sozialen Netzwerke nicht immer garantiert ist. Ob damit auch gleichzeitig die Bereitschaft zum Lernen gegeben ist, steht auf einem ganz anderen Blatt. Dennoch helfen diese Erkenntnisse, mit einer positiven Einstellung in den Unterricht mit schwierigen Lerngruppen zu gehen. Ferner ist es auch wichtig, sich immer wieder vor Augen zu halten, dass nur in den wenigsten Fällen der Lehrer für das Fehlverhalten der Schüler verantwortlich ist.

Es wurde bereits darauf hingewiesen, dass Schlafmangel und permanente Reizüberflutung Beispiele für umfeldbedingte Ursachen von Lernschwierigkeiten sind. Die Basis für das eigene Selbstvertrauen wird bereits im Säuglingsalter gelegt. Durch den Kontakt zur Mutter wird dem Kind eine rudimentäre Ich-Identität vermittelt. Das Kind erlebt Gefühle des Konstanten und Kontinuierlichen (Erikson 1995). Wenn diese bedingungslose Nähe nicht vermittelt wird, entwickelt das Kind schon früh ein Ur-Missvertrauen, welches sich später in einer grundlegenden Ablehnung gegenüber dem Lernen und der Lehrkraft äußern kann. Im weiteren Verlauf der Kindheit können Erfahrungen mit häuslicher Gewalt, Verlusten durch Ablehnung oder auch Tod einer nahestehenden Person sowie mit exzessivem Alkohol- oder Drogenkonsum eines Elternteils gemacht werden (Delaney 2010). Später kann dies sowohl zu erheblichen Störungen im emotional-sozialen Bereich als auch zu diversen Lernschwierigkeiten führen.

## Distanz schaffen

*It's not me:* Dieser Satz bekommt unter den genannten Gesichtspunkten eine besondere Bedeutung, denn in problematischen Situationen ist man als Lehrer geneigt, vieles persönlich zu nehmen. Auf viele Dinge habe ich als Lehrkraft keinen Einfluss. Die Ursachen für Fehlverhalten und Lernschwierigkeiten können so vielfältig sein, dass es unmöglich ist, auf jedes einzelne Störungsbild adäquat zu reagieren. Dennoch gibt es einige Kernprinzipien, mit denen man schwierigen und lernschwachen Schülern positiv entgegen kommen kann. Es lohnt sich, diese Prinzipien in den eigenen Unterricht zu integrieren. Es geht also darum, Unterrichtsaktivitäten und Spielformen in den Englischunterricht aufzunehmen, die

- das Selbstwertgefühl stärken,
- es ermöglichen, gewünschte Verhaltensweisen wie Toleranz, Akzeptanz und Höflichkeit aufzuzeigen und zu üben,
- dem Lernenden die Möglichkeit geben, Gefühle zum Ausdruck zu bringen und darüber zu sprechen,
- Vertrauen vermitteln,
- das Interesse der Lernenden und ihren Lebensweltbezug berücksichtigen,
- die Stärken der Schüler fördern,
- das Lernklima positiv beeinflussen,
- die unterschiedlichen Lernertypen berücksichtigen.
(vgl. u.a. Willis 2009, Delaney 2010).

Bereits die Übungen zur Herstellung einer Lernbereitschaft nehmen auf diese Prinzipien Bezug (vgl. Kapitel 1.2). Hier werden nun Übungs- und Spielformen für den Einsatz im Hauptteil einer Unterrichtsstunde vorgestellt. Damit können gezielt und kontinuierlich bestimmte sprachliche Fertigkeiten und Kompetenzen im emotional-sozialen Bereich geschult werden. Die meisten Aktivitäten ermöglichen einen direkten Bezug zur Lebenswelt der Lernenden. Wichtig ist es hierbei, wieder Geduld zu zeigen. Bestimmte Aktivitäten funktionieren sofort, andere gar nicht oder müssen für die jeweilige Lerngruppe abgeändert werden. Wiederholung und Regelmäßigkeit sind ebenfalls von Bedeutung, denn positive Verhaltensweisen müssen von Jugendlichen mit Lernschwierigkeiten in neuen Kontexten permanent geübt und gefestigt werden (Willis 2009: 56).
Eine klare Abgrenzung, ob es sich bei der jeweiligen Aktivität nun um eine Übungs- oder Spielform handelt, ist nicht immer möglich und kann bei der Auswahl der vorgestellten Aktivitäten auch weitgehend vernachlässigt werden. Entscheidend ist vielmehr, dass gerade auch Übungsformen, die einen spielerischen Charakter aufweisen, nicht als Zeitverschwendung angesehen werden, sondern mit Mut und Konsequenz in der Arbeit mit schwierigen Schülern eingesetzt werden. Wenn der Schüler sich von einer Spielhandlung oder von einer für ihn attraktiven Aufgabe angesprochen fühlt, ist die Chance groß, dass er sich mit seiner ganzen Persönlichkeit engagiert (vgl. Klippel 1980: 104). Die Unterrichtssituation wird nun weniger vom Lehrer als von den Regeln oder der zu lösenden Aufgabe bestimmt. Die Ablehnung, die schwierige Schüler oft gegenüber dem Unterricht haben, kann durchbrochen werden und eine Entwicklung in den kognitiven, sozialen und emotionalen Bereichen einsetzen.

Nach Winnicott durchläuft ein Kind im Spiel einzelne Entwicklungsschritte. Zunächst findet das Spielen in engem Kontakt zur Mutter statt. Hier entwickelt sich ein *potential space* (Winnicott 1971: 55), in dem sich das von Erikson (1995) benannte Ur-Vertrauen entwickelt. Das Spielen findet zunächst neben der Mutter statt. Das Kind erlernt somit bereits in diesem frühen Stadium von der Mutter, welche Verhaltensweisen akzeptabel sind und welche nicht. Die Grundlage dafür wird gelegt, dass Kinder nun mit anderen Kindern spielen lernen. Sie laden sie ein, nach ihren Regeln zu spielen und können dann auch die Regeln des Spiels anderer Kinder akzeptieren.

Schüler mit Lernschwierigkeiten weisen häufig eine verzögerte Entwicklung im Spielverhalten auf. Im Unterricht zeigt sich das dann oft daran, dass das Vertrauen, sich auf andere einzulassen, fehlt. Frustrationen können nur schwer ertragen und Regeln nur schwer akzeptiert werden. Dies ist ein wichtiger Punkt, den man als Lehrer im Hinterkopf haben sollte, wenn sich Schüler in einer angebotenen spielerischen Übungsform nicht sofort adäquat verhalten. So schwierig es auch in der einen oder anderen Situation sein mag, wichtige Ratschläge für die Lehrkraft könnten sein:

- Geduld zeigen. Positive Veränderungen im sozial-emotionalen Bereich wie beispielsweise die Entwicklung von Vertrauen untereinander lassen sich nur langsam entwickeln. Gerade in Übungs- und Spielformen, die den persönlichen affektiven Bereich ansprechen, geht der Schüler mit Lernschwierigkeiten ein erhebliches Risiko ein. Hinzu kommt dann auch noch die Forderung, zumindest auf einfachem Niveau, in der Fremdsprache zu handeln.

- Die Aktivitäten gut einführen, d.h. sie sollten erläutert und nach Möglichkeit auch veranschaulicht werden. Unterrichtsstörungen treten häufig dann auf, wenn den Schülern nicht eindeutig klar ist, was von ihnen erwartet wird.

- Den Schülern zu Beginn der Aktivität sagen, welche Erwartungen im sozial-emotionalen Bereich an sie gestellt werden: *In this activity you are going to tell each other what you feel proud of.*

- Die Aktivität nicht gleich bei der ersten kleinen Störung abbrechen, sondern die Schüler einbeziehen, damit es funktioniert: *What could we do to make it work?*

- Als Lehrkraft eher in eine beobachtende Rolle gehen.

- Die Dinge benennen, die gerade passieren und nicht voreilig Schlussfolgerungen ziehen: *I can see that you think the rules are unfair. I can see that you can't bear to lose.*

- Immer wieder eine Vielzahl an spielerischen Aktivitäten in den Englischunterricht integrieren: Formen, bei denen alleine, neben anderen, mit anderen und auch gegen andere gespielt wird. Dabei ist jedoch zu berücksichtigen, dass Aktivitäten, die positive Aspekte herausstellen, für den Lehrer eher *low-risk activities* darstellen. Dies bedeutet, dass hier plötzlich auftretende Unterrichtsstörungen eher gering sind. Dagegen bergen Aktivitäten, die einen kompetitiven Charakter haben, ein erhöhtes Risiko für Zwischenfälle aller Art. Dies sollte bei der Planung im Hinterkopf behalten werden.

- Die Schüler ruhig auch ihre eigenen Spiele entwickeln lassen, eigene Regeln festlegen und diese dann auch möglicherweise abändern lassen.

- Nicht vergessen, die Schüler zu loben: *I really enjoyed that you shared so many good ideas in our game today.* (siehe auch Kapitel 2.2: *Praise them whenever you can*)

Im Unterrichtsalltag geht es meist einen Schritt vor und dann wieder einen Schritt zurück. Durch einen kontinuierlichen und wohl überlegten Einsatz der Übungs- und Spielformen, die auch Kompetenzen im sozial-emotionalen Bereich entwickeln, besteht jedoch die große Chance, dass sich ein positives Lernklima entwickelt. Dies ist eine wesentliche Grundlage dafür, dass Veränderungen auf der sozial-emotionalen Ebene möglich werden und ein inklusives Lernen im Englischunterricht stattfindet. Letztendlich machen die Übungen auch Spaß, was einen nicht zu unterschätzenden Faktor für das Lernen im Englischunterricht darstellt. Wenn die Schüler gerne zum Unterricht kommen, ist die Chance auch größer, dass Lernen stattfindet und sich die Schüler-Lehrerbeziehung verbessert. Dies ist eine wesentliche, möglicherweise neue Erfahrung für schwierige Schüler, die oft eher angespannte Verhältnisse zu Erwachsenen erleben und erlebt haben.

Zum Abschluss dieses Kapitels werden darüber hinaus einige wichtige Hinweise und Möglichkeiten aufgezeigt, wie ohne große Vorbereitungen bestimmte Rituale und einfache Methoden dazu beitragen können, das Lernklima im Unterricht positiv zu beeinflussen.

## 2.1 Unterrichtsaktivitäten

### What do we have in common?

**Ziele:**

- sprachlich: Fragen stellen, *Simple Present*, Wortstellung
- emotional-sozial: Empathie zeigen, Interesse an einer anderen Person entwickeln, Zuhören, die Mitschüler kennenlernen

**Material:** ein Blatt Papier (DIN-A4 oder Poster-Format), Stift

**Ablauf:** Es werden Gruppen mit 3–4 Schülern gebildet. Durch gegenseitiges Befragen soll herausgefunden werden, was die Lernenden gemeinsam haben. Die Gemeinsamkeiten werden in Form von Sätzen auf einem Blatt notiert oder auch auf einem Poster dargestellt: *In this activity you are going to find out what interests you have in common. Write down 8 (10) sentences on a sheet of paper (poster), e.g. We are all girls. We all like Facebook. Etc. Also ask each other questions: Do you like to play football? Do you like to travel to England? Etc.*

**Kommentar:** Der Einsatz dieser Unterrichtsaktivität bietet sich besonders dann an, wenn der Lehrer gerade eine neue Lerngruppe übernommen hat. Zum einen erfährt man dadurch gleich zu Anfang einiges über die Interessen in der Lerngruppe, was für die weitere Unterrichtsarbeit und die Herstellung einer positiven Lernatmosphäre von großer Bedeutung ist. Zum anderen lernen sich die Schüler dabei auch untereinander besser kennen. Es hat sich bewährt, die Lernenden etwa 8–10 Gemeinsamkeiten finden zu lassen. Weniger sollten es auf keinen Fall sein, damit nicht nur die offensichtlichen Gemeinsamkeiten notiert werden. Gut ist es auch, die Aktivitäten auf Poster schreiben zu lassen und in der Klasse auszuhängen. So können die Lernenden auch später noch auf ihre Ergebnisse schauen. Ferner fällt das Stellen von Anschlussfragen leichter, z. B. *What do most of us like?*

**Variation:** Diese Aktivität kann für alle Bereiche, die die Lebenswelt der Lernenden betreffen, eingesetzt werden, wie z. B.:

- *Find things you all enjoy doing at the weekend.*
- *Find things you all want to do at Christmas.*
- *Find things you all want do in your summer holidays.*

**Referenz:** Diese Unterrichtsidee basiert auf einer Übungsform von Andrew Wright (2006: 17).

## Tell me three things you did …

**Ziele:**

- sprachlich: Fragen stellen, *Simple Past*, Wortstellung
- emotional-sozial: Empathie zeigen, Interesse an einer anderen Person entwickeln, Zuhören, die Mitschüler kennenlernen, Erfolgserlebnisse beim Sprechen haben

**Material:** Klebezettel

**Ablauf:** Der Lehrer schreibt drei Ereignisse an die Tafel, die ihm kürzlich passiert sind (z. B. *In my holidays I went to a great party.*). Die Schüler erfragen dann Details im Plenum. Anschließend erhält jeder Schüler einen Klebezettel. Auf diesem sollen drei Dinge auf Englisch notiert werden, die den Schülern kürzlich passiert sind. Die Schüler heften die Klebezettel an ihr T-Shirt.
Danach kündigt der Lehrer an, dass die Schüler gleich im Klassenraum herumlaufen und sich gegenseitig befragen sollen. Die Konversation wird exemplarisch von dem Lehrer und/oder den Schülern 1–2 Mal im Plenum vorgeführt. Hierbei werden jeweils die drei Dinge auf dem Klebezettel des Partners gelesen und dazu Fragen gestellt. Danach sollen die Lernenden in einer bestimmten Zeit andere Mitschüler befragen.
*In this activitiy you are going to find out what your classmates did in their holidays / yesterday / last weekend / etc. Write three things you did on a sticky label. Walk around and find out what the other students did.*
Die Übung schließt damit, dass die Schüler am Ende interessante Informationen, die sie während der Fragerunde erfahren haben, im Plenum widergeben.

**Kommentar:** Diese kommunikative Aktivität erzeugt durch die Schüler- und Handlungsorientierung hohe Motivation und ermöglicht es, dass jeder Schüler auf seinem Niveau zum Sprechen kommt. Dadurch, dass der Lehrer Dinge über sich an die Tafel schreibt, gelingt sofort eine Fokussierung der Klasse. Es ist in der Regel spannend für Schüler, wenn sie etwas über den Lehrer erfahren können. Besonders wichtig ist auch, dass das zu erwartende Gespräch zwischen den Lernenden mindestens einmal vorgespielt wird. Dies ist ein ganz wichtiger Faktor für das Gelingen der Aktivität. Erfolgreiche Handlungsorientierung beginnt bereits hier. Diese Phase kann auch gut dazu genutzt werden, positive Ausdrucksformen zu trainieren. Beispielsweise könnten die Lernenden ihr Gespräch zunächst mit einem Begrüßungsritual beginnen: *How are you? – I'm fine and you?* Danach bietet es sich an, etwas Nettes über den Gesprächspartner zu sagen, z. B. *I like your T-shirt* oder *You look so happy today*. Wenn diese Höflichkeitskonventionen in lebendiger Form vorgemacht werden, ist die Bereitschaft groß, dies auch in den Gesprächen nachzumachen. Damit wird das Lernklima positiv beeinflusst und die Schüler üben, nett miteinander umzugehen.

## What do you like doing?

**Ziele:**

- sprachlich: Fragen stellen, *Gerund*
- emotional-sozial: Erfahrungen austauschen, Interesse an einer anderen Person zeigen, Erfolgserlebnisse erzielen

**Material:** Kopiervorlage 7, S.62 (oder ein Blatt Papier, auf dem die Schüler Fragen und Antworten notieren)

**Ablauf:** Bei dieser Übung sollen die Schüler ihre Mitschüler befragen, um herauszufinden, welche Gemeinsamkeiten sie mit anderen haben. Zunächst schreibt die Lehrkraft einige Beispielsätze an die Tafel:

*Do you like playing games in the afternoon?*
*Do you like jogging at the weekend?*
*Do you like going to fast food restaurants regularly?*

Außerdem wird die Übung und die Zielsetzung erklärt: *In this activity you are going to find out what your classmates like doing and what you have in common.*
Die Schüler notieren sich zunächst in Einzelarbeit einige Fragen, die sie an ihre Mitschüler stellen wollen. Wie bei der Übung *Tell me three things you did* sollen die Schüler in der Klasse herumlaufen und sich gegenseitig befragen. Wichtig ist, dass das Gespräch einmal exemplarisch vor der Klasse vorgespielt wird. Die Schüler notieren jeweils zu den Fragen die Namen derjenigen, die eine positive bzw. negative Antwort gegeben haben (siehe Kopiervorlage 7). Pro Frage sollen nicht mehr als zwei Namen pro Antwortspalte aufgeschrieben werden. Damit soll sichergestellt werden, dass der Schüler nicht immer die gleiche Frage stellt.

**Kommentar:** Diese Übung ist im Grunde eine Abwandlung der bekannten *Find someone who ...* -Aktivität. Der Phase der Übungserläuterung kommt wieder eine große Bedeutung zu, denn wie bei der vorangegangenen Übung wird hier der nette und höfliche Umgang miteinander exemplarisch vorgemacht. Durch die Vorgabe der Beispiele kann die Lehrkraft auch die sprachliche Komplexität bei den Schülersätzen steuern.

Das Prinzip ist hier: Einfache Fragen für lernschwache Schüler (z. B. *Do you like playing football / hockey / tennis?*) und komplexere Fragen für stärkere Schüler (z. B. *Do you like meeting your friends on Facebook regularly?*). Wenn die Schüler das gezielte Herumgehen und sich gegenseitig Befragen nicht gewohnt sind, kann diese Phase zunächst etwas chaotisch verlaufen. Hier empfiehlt es sich, durch gestufte Übungsformen die Schüler langsam an diese Situation heranzuführen. Denkbar wäre z. B. erst einmal den Partner und dann sich gegenseitig in einer Kleingruppe zu befragen. Damit wäre der anfänglich mögliche Störfaktor durch das Herumlaufen im Klassenzimmer eingeschränkt.

Wenn die Schüler an diese Art der Übungsformen gewöhnt sind, kann allmählich zum Herumlaufen übergegangen werden. Der große Vorteil dieser Übungsform ist insbesondere die hohe Schülerorientierung. Die Schüler interagieren in einem geschützten Rahmen, der es ihnen ermöglicht, ohne Angst auf ihrem Niveau zu kommunizieren. Die Rolle, die der Lehrer einnimmt, ist die eines Beraters. Beobachtungen zu den sprachlichen und sozial-emotionalen Inhalten können von der Lehrkraft notiert und im Anschluss an die Übung thematisiert werden. Wichtig ist hier auch wieder, dass insbesondere Positives im sozial-emotionalen Bereich vom Lehrer benannt und gelobt wird: *Well done, you have talked to each other very well.* oder *You were very polite to each other.*

**Referenz:** Diese Übungsform ist eine Abwandlung einer Übung, die ich bei einem Workshop von Marie Delaney kennengelernt habe.

**Variation:** Eine inhaltliche Differenzierung kann durch komplexere Beispiele vorgenommen werden. Beispielsweise kann hier die komplexere Fragekonstruktion *I wonder if anyone … likes playing football?* verwendet werden. Schwächere Schüler brauchen klare Strukturen und da helfen oft auch auf den ersten Blick recht banale Dinge. Hier könnte z. B. Kopiervorlage 7 zum Einsatz kommen, bei der die Schüler eine strukturelle Vorgabe für ihre Eintragungen bekommen.

## Quick surveys

**Ziele:**

- sprachlich: Fragen stellen, Auswertungen vornehmen, Verwendung unterschiedlicher Zeitformen
- sozial-emotional: zum Sprechen kommen (*setting up to succeed*), Gemeinsamkeiten herausfinden, Schulung eines höflichen Umgangs untereinander, Aktivierung der Lerngruppe

**Material:** Kopiervorlage 8 (S.63) oder Klebezettel bzw. Karteikarten

**Ablauf:** Je nach Thematik, die im Unterricht behandelt wird, kann die Lehrkraft die Schüler nach möglichen Antworten für die Blitzumfrage fragen und diese danach an der Tafel festhalten. Beispielsweise könnten auf die Frage *How do you get to school?* Antworten wie *by bike, underground, on foot, etc.* genannt werden.
Im Anschluss daran erhält jeder Schüler einen kleinen Fragebogen von Kopiervorlage 8 (alternativ können auch Klebezettel bzw. Karteikarten genutzt werden) und schreibt die von den Schülern genannten Beispiele stichpunktartig auf. Danach gehen die Schüler in der Klasse umher und befragen in einer bestimmten Zeit möglichst viele Mitschüler. Jede Antwort der Mitschüler wird auf dem Fragebogen neben dem jeweiligen Beispiel mit einem Strich vermerkt. Im Anschluss an die Blitzumfrage können die Schüler zunächst paarweise und danach im Plenum ihre Ergebnisse vergleichen. Wichtig ist hierbei auch, die Schüler zu bewertenden Aussagen zu ermuntern, wie z. B. *I found it interesting that … / It was surprising that ….*

**Kommentar:** Insbesondere lernschwache und schwierige Schüler haben Probleme damit, über einen längeren Zeitraum ruhig zu sitzen und sich zu konzentrieren. Nach einer lernintensiven Arbeitsphase ermöglicht diese Übung eine rasche Aktivierung der Lerngruppe und kann schnell und spontan in den Unterricht integriert werden. Die Struktur ist klar vorgegeben und der Schwierigkeitsgrad kann durch die Vorgabe der jeweiligen Beispiele variiert werden. Ein wichtiges Prinzip beim Umgang mit schwierigen und lernschwachen Schülern wird hier umgesetzt: *Setting up to succeed.* Dies bedeutet, dass die Aufgabenstellung so gewählt wird, dass sie jeder Schüler meistern kann. Die Schüler wenden zudem eine bestimmte Sprachstruktur wiederholt an. Mit ganz einfachen Mitteln werden hier auch einem ganz leistungsschwachen Schüler rasch Erfolgserlebnisse bei der Verwendung der englischen Sprache vermittelt.

## Name poster

**Ziele:**

- sprachlich: Fragen stellen, ein Wortfeld zum Thema ‚eigene Interessen' erstellen, *Simple Present*
- sozial-emotional: Empathie entwickeln, sich kennenlernen, sich in eine andere Person hineindenken können

**Material:** DIN-A3 oder DIN-A4 Papier, zweisprachiges Wörterbuch

**Ablauf:** Die Schüler schreiben ihren Namen in die Mitte eines DIN-A3 oder DIN-A4 Blattes. Dann sollen sie um den Namen herum Dinge aufschreiben, die sie gerne mögen bzw. die für sie wichtig sind. Die Schüler haben dabei die Wahl, Bilder über sich zu malen oder Wörter aufzuschreiben. Wichtig ist jedoch, dass sie auch ihre Zeichnungen in der Zielsprache benennen können. Aus diesem Grund ist es hilfreich, den Schülern ein zweisprachiges Wörterbuch zur Verfügung zu stellen. Im Anschluss an diese Einzelarbeitsphase gehen die Schüler paarweise oder in Kleingruppen zusammen und erfragen gegenseitig ihre Interessen und Vorlieben.

**Kommentar:** Das *Name poster* hat den großen Vorteil, dass Schüler selbst entscheiden können, was sie auf das Poster schreiben bzw. malen. Damit ist eine natürliche Differenzierung gegeben, da jeder Schüler entscheidet, was er über sich preisgibt. Gerade bei schwächeren Schülern wird durch die Möglichkeit, Bilder zu malen oder Strichzeichnungen zu erstellen, der Zugang zur Aufgabe erleichtert. Die Schüler brauchen klare Vorgaben, an denen sie sich orientieren können. Deshalb sollte auch hier (wie bei den bisher vorgestellten Übungen) der Dialog wieder vorgespielt werden: *I can see there is a football in your poster. Do you like football? – Yes, I do. Do you play in a club? – Yes, I do. What's the name of the club? – It's Mariendorfer SV.* Auf diese Weise wird den Schülern auch gezeigt, dass zu den Bildern oder Wörtern auf dem Poster viele Fragen gestellt werden können. Dies ermöglicht wieder eine differenzierte Bearbeitung der Aufgabe.

**Referenz:** Diese Übungsform basiert auf einer Unterrichtsidee, die ich bei einem Workshop von Marie Delaney kennengelernt habe.

**Variation:** Ein Poster kann über alle möglichen Dinge aus dem Schülerleben erstellt werden. Beispielsweise können die Schüler Poster über ihr letztes Wochenende oder ihre letzten Ferien erstellen und sich dann im Anschluss wieder gegenseitig befragen.
Als eine mögliche Variante könnten die Schüler ihre Vorlieben und Interessen auch in einem Tortendiagramm darstellen:

## Mini-talks: Listen and talk

**Ziele:**

- sprachlich: über einen etwas längeren Zeitraum sprechen können, Sätze im *Simple Present* sprechen können
- sozial-emotional: Zuhören lernen, Voraussetzung für das *team building* schaffen, Empathie entwickeln, *high interest learning*

**Material:** Kopiervorlage 9 (S.64) zur sprachlichen Unterstützung

**Ablauf:** Die Schüler bereiten einen Minivortrag mit einer Länge von 30 Sekunden bis etwa 1 Minute vor. Sie sollen dabei über eine interessante Sache aus ihrem Leben berichten: *Think of something you are willing to talk about, e.g. the last TV show you watched, the best party you went to.* Ggf. können die Minivorträge zuvor als Notizen in einer Mindmap skizziert bzw. komplett verschriftlicht und dann auswendig gelernt werden. Unterstützend hierzu kann Kopiervorlage 9 eingesetzt werden. Nach dieser Vorbereitung finden sich die Schüler paarweise zusammen und sollen jeweils drei Wörter auf einem Blatt notieren, die ihr Partner möglicherweise sagen wird. Dann hält der erste Partner seinen Minivortrag. Während dieser Zeit darf der zuhörende Schüler nicht sprechen. Immer wenn der sprechende Schüler eins der Wörter, die der Zuhörer zuvor aufgeschrieben hat, sagt, hakt dieser es auf seinem Blatt ab. Danach werden die Rollen gewechselt.

**Kommentar:** Diese Übung kann im Anschluss an das *name poster* eingesetzt werden. Dem Schüler sind dadurch schon einige sprachliche Mittel vertraut, die er nun bei der Bewältigung dieser Übung benötigt. Um die Schüler an das monologische Sprechen heran zu führen, kann der Minivortrag mit Hilfe der Strukturen auf Kopiervorlage 9 zunächst aufgeschrieben werden. Anschließend lernen die Schüler mit der Methode *read and look up* ihren geschriebenen Text auswendig. Dabei lesen sie ihren Text in kleinen Abschnitten, schauen nach jedem Abschnitt vom Blatt hoch und murmeln leise den zuvor gelesenen Text. So werden die Schüler zum Auswendiglernen von Texten ermuntert. Bei der sich anschließenden Partneraufgabe wird das aktive Zuhören geschult. Für lernschwache Schüler ist es häufig sehr schwierig, sich für längere Zeit auf eine Sache zu konzentrieren. Bevor die Partnerübung durchgeführt wird, mag es auch hier wieder hilfreich sein, die Übung vorher im Plenum mit allen Schülern durchzuführen. Hierzu könnte die Lehrkraft einen entsprechenden Minivortrag halten und die Schüler schreiben Wörter auf, die sie im Lehrer-Vortrag erwarten. Das aktive Zuhören muss immer wieder im Unterricht trainiert werden. Es ist als sozial-emotionale Kompetenz eine wesentliche Voraussetzung zur Teambildung und damit schließlich auch zum inklusiven Lernen.

**Variation:** Die Chance, dass ein Schüler einem anderen aufmerksam zuhört, steigt in dem Moment enorm an, wo ein wirkliches Interesse bei dem Zuhörer entsteht, etwas Interessantes oder Neues zu erfahren. Um sich diese Möglichkeit des *high interest learning* zu Nutze zu machen, könnten sich die Schüler in einer etwas fortgeschrittenen Variante der Übung drei Dinge überlegen, über die sie berichten möchten. Der zuhörende Schüler wählt von diesen drei Dingen dann ein Thema aus, das ihn besonders interessiert. Erst nach dieser Auswahl beginnen die oben beschriebenen Vorbereitungen (Mini-Vortrag vorbereiten und drei Wörter antizipieren).

## So you said …

**Ziele:**

- sprachlich: zusammenhängend über bestimmte Dinge berichten, Verwendung verschiedener Zeitformen, insbesondere das *Simple Present*
- sozial-emotional: aktives Zuhören lernen, still sitzen können

**Material:** keins

**Ablauf:** Die Schüler erhalten die Aufgabe, für 30 Sekunden (oder 1 Minute) über ein bestimmtes Thema, das der Lehrer vorgibt *(school, free time activities, weekend, etc.)*, zu reden. Zunächst stellt die Lehrkraft die Übung vor:

*You're going to do a partner activity. One partner gives a talk on …. The other partner listens carefully. When the talk is finished the listener has to repeat briefly what his or her partner has just said.*

Danach werden Schülerpaare gebildet und der erste Schüler fängt an, zu erzählen. Während dieser Zeit soll der andere Schüler nur zuhören und sich auf das Gesagte konzentrieren. Nachdem der vortragende Schüler fertig ist, hat der andere die Aufgabe, das Gesagte in Grundzügen zu wiederholen. Er beginnt dabei mit den Worten *So you said that …* . Hierbei soll die Zeit für die Wiedergabe des Gesagten kürzer sein als der ursprüngliche Minivortrag. Danach werden wieder die Rollen getauscht.

**Kommentar:** Diese Übungsform stellt eine Erweiterung der zuvor vorgestellten Übung *Mini-talks: Listen and talk* dar. Sie lässt sich gut zu Beginn einer Stunde und zur Wiederholung von Lerninhalten einsetzen. Im geschützten Rahmen der Partnerarbeit trainieren die Schüler das zusammenhängende Sprechen und das aktive Zuhören. Dabei hat es sich bewährt, dass der zuhörende Schüler seine Hände unter seine Schenkel legt. Dieser kleine Trick hilft, dass sich die Schüler besser konzentrieren und still sitzen können.

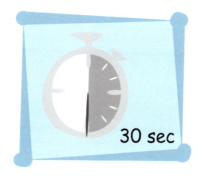

## Team building

**Ziele:**

- sprachlich: wiederholt ein englisches Wort sprechen, Wortstellung, Konditionalsätze
- sozial-emotional: ein gemeinsames Ziel verfolgen, *team building*, anderen Zuhören können, Erfolgserlebnisse haben, Frustration ertragen können

**Material:** Kopiervorlage 10 (S.66) oder kleine beschriftete Papierstreifen

**Ablauf:** Der Lehrer denkt sich einen englischen Satz aus, z. B.

- *We have more fun when we work as a team.* [10 Wörter = 10 Schüler]
- *Teamwork means bringing out the best in each other!* [9 Wörter = 9 Schüler]
- *None of us is as smart as all of us.* [10 Wörter = 10 Schüler]
  (siehe Kopiervorlage 10 für die o.g. drei Beispiele)
- *You may be strong but we are stronger.* [8 Wörter = 8 Schüler]
- *Teamwork makes the dream work.* [5 Wörter = 5 Schüler]

Die einzelnen Wörter dieses Satzes werden ausgeschnitten (siehe Kopiervorlage 10) oder auf die Papierstreifen geschrieben. Bei mehr Schülern werden ggf. zwei unterschiedliche Sätze gebildet oder der gleiche Satz wird auf Papierstreifen mit zwei verschiedenen Farben geschrieben.
Die Papierstreifen werden gemischt und an die Schüler verteilt. Jeder Schüler darf dabei nur kurz auf sein Wort schauen. Er soll es sich einprägen, da das Wort anschließend wieder vom Lehrer eingesammelt wird. Die Aufgabe der Schüler ist es nun, sich so zusammen zu stellen, dass sich aus den Wörtern der Satz ergibt.

**Kommentar:** Diese Übung ist deshalb faszinierend, weil auch der schwächste Schüler zu Erfolgserlebnissen geführt wird. Damit die Gruppenaufgabe gelingt, muss er ja sein Wort mehrmals aussprechen. Falls die Gruppe nicht weiterkommen sollte, kann die Lehrkraft eingreifen, indem sie einen kleinen Tipp gibt. Beispielsweise könnte der Lehrer ein Wort bzw. einen Schüler an eine bestimmte Stelle stellen. Vor einem sogenannten *overmanagement* sei an dieser Stelle allerdings gewarnt. Die Schüler sollen auch lernen, kleine Frustrationen auszuhalten, wie z. B. die Tatsache, dass etwas nicht gleich funktioniert. Wichtig ist es, am Ende wieder die *social skills* zu benennen, also beispielsweise zu loben, dass die Gruppe gut zusammen gearbeitet hat oder dass ein Schüler geduldig war, gut zugehört hat usw..

## Group guessing

**Ziele:**

- sprachlich: Fragebildung, *quantifiers*
- sozial-emotional: Empathie-Entwicklung, sich Gedanken über andere machen, Unterschiede zu den Mitschülern erkennen lernen, Teambildung

**Material:** Kopiervorlage 11 (S.67)

**Ablauf:** Jeder Schüler erhält ein Arbeitsblatt mit Satzanfängen (Kopiervorlage 11) und hat die Aufgabe, mit den vorgegebenen Satzanfängen eine entsprechende Aussage über die Klasse zu formulieren. Er kann z. B. die Behauptung aufstellen: *All of us like chocolate.*
Im Anschluss an diese kurze Schreibphase gehen die Schüler in der Klasse umher und befragen ihre Mitschüler. Ziel ist es, herauszufinden, inwieweit der gebildete Satz auf die Schülergruppe zutrifft. Während der Befragung führen die Lerner in der Spalte *Number of yes answers* eine Strichliste über ihre Ergebnisse. Nach der Befragung stellt jeder Schüler sein Ergebnis der Klasse vor.

**Kommentar:** Diese Aktivität stellt eine effektive Methode dar, um das Verständnis der Schüler untereinander und den Zusammenhalt in der Gruppe zu fördern. Die Übung spricht zudem unterschiedliche Lernertypen an:

- Die Schüler bewegen sich, wodurch die Übung auch gut als *energizer* zu Beginn der Stunde eingesetzt werden kann.
- Die Lerner müssen aufmerksam zuhören.
- Darüber hinaus werden auch die Schüler einbezogen, die ihre Stärken eher im mathematischen Bereich haben. Diese könnten z. B. auch die prozentualen Anteile ermitteln und der Klasse vorstellen. *60 percent of the students I asked like chocolate.*

**Hinweis:** Bei der Satzbildung könnte das Problem entstehen, dass die Schüler Sätze aufschreiben, die nicht angemessen sind oder Mitschüler verletzen. Aus diesem Grund empfiehlt es sich, diese Aktivität nur einzusetzen, wenn bestimmte Verhaltensregeln bereits in der Gruppe etabliert sind. Ergänzend könnten hier auch Poster mit Verhaltensregeln erarbeitet und gestaltet werden, z. B.:

- *Only speak to each other in a kind and friendly way.*
- *No rudeness!*
- *No bullying!*
- *Always respect each other's opinion.*
- *Use nice language only!*

**Referenz:** Eine ähnliche Übungsform kann bei Michael Wright (2006: 17) nachgelesen werden.

**Variation:** Als mögliche Variante bietet sich an, dass der Lehrer einige Sätze an die Tafel schreibt. Die Schüler schreiben diese ab und spekulieren, inwieweit die Aussage auf ihre Klasse zutrifft. Dazu schreiben sie die geschätzte Zahl neben den jeweiligen Satz. Anschließend werden die Sätze laut vorgelesen und die entsprechenden Fragen im Plenum in Form einer Blitzumfrage gestellt, z. B.: *Some of us watch football on Saturdays. – Do you watch football on Saturday? If yes, raise your hand.*
Die Schüler können dann ihre geschätzte Zahl mit der wirklichen Zahl vergleichen.

## Line up

### Ziele:

- sprachlich: Fragen stellen, einfache Aussagen machen, Wortstellung
- sozial-emotional: andere kennenlernen, Teamentwicklung, gemeinsam Ordnung herstellen

**Material:** keins

**Ablauf:** Die Lehrkraft stellt der Gruppe eine Aufgabe wie beispielsweise:
*Line up as a group with the oldest pupil standing in the right corner and the youngest pupil standing in the left corner.* Die Schüler müssen durch Fragestellungen herausfinden, wer wann Geburtstag hat und sich dann entsprechend in die Reihe einordnen. Wenn die Gruppe meint, die Aufgabe gelöst zu haben, wird im Plenum überprüft, ob jeder Schüler an der richtigen Stelle steht. Hierzu nennen die Schüler nacheinander ihr Geburtsdatum.

**Kommentar:** Diese Übung ist eine einfache und effektive Aktivität zur Schulung der Teamentwicklung im Englischunterricht. Sie kann sowohl während des Unterrichts zwischen einzelnen Arbeitsphasen als auch als Fokussierungsaufgabe zu Beginn des Unterrichts eingesetzt werden. Die Schüler haben eine klare, einfache Aufgabe, die sie gemeinsam lösen müssen. Ein wichtiges sozial-emotionales Lernziel ist es auch, den Schülern zu vermitteln, dass es möglich ist, aus Chaos eine gewisse Ordnung herzustellen. Deswegen sollte die Lehrkraft auch nicht zu früh steuernd eingreifen und etwas Frustration zulassen, falls die Schüler es nicht gleich auf Anhieb schaffen, die Reihe zu bilden.

**Variation:** Die Übung kann für verschiedenste Fragestellungen eingesetzt werden. Der Kreativität sind hier keine Grenzen gesetzt. Weitere Möglichkeiten zur Gruppenaufstellung sind, z. B.:

- nach der Länge des Schulweges
- nach der Uhrzeit, zu der die Schüler aufstehen bzw. zu Bett gehen
- nach der Anzahl der Personen, die im Haushalt wohnen
- nach den Anfangsbuchstaben des Vor- oder Nachnamens

## 2.2 Methoden zur Herstellung einer positiven Lernumgebung

*The teacher matters.* In einer Metastudie hat John Hattie (2012) deutlich analysiert, dass die die Lehrkraft ein wesentliches Kriterium für guten und erfolgreichen Unterricht darstellt. Gerade im Unterricht mit schwierigen Schülern kommt dieser Vorbildrolle eine besondere Bedeutung zu, denn diesen Schülern mangelt es in ihrem privaten Umfeld häufig an positiven Vorbildern. Die Lehrkraft ist nun bei weitem nicht nur der Wissensvermittler, sondern nimmt immer mehr die Rolle des Erziehers und Wertevermittlers ein. Die Schüler suchen Leitbilder und es ist schön, wenn die Lehrer die Schüler auf einem positiven Weg begleiten können. All die Spiel- und Übungsformen aus dem vorangegangenen Kapitel 2.1 bewirken isoliert betrachtet wenig. Erst durch den regelmäßigen und gezielten Einsatz können sie am Ende erfolgreich im Unterricht eingesetzt werden.

Lehrer von schwierigen Schülergruppen sind im Schulalltag einer großen Herausforderung ausgesetzt. Nach Carl Rogers (1984) gibt es drei entscheidende Merkmale, die eine Lehrkraft besitzen muss: Empathie, Authentizität und Respekt.
Mit Empathie ist gemeint, sich in die Schüler und deren Lebenswelt einfühlen zu können. Authentizität bedeutet *being yourself*. Schüler merken sehr wohl, ob man sich im Unterricht authentisch verhält oder nur eine Rolle spielt. Der Begriff Respekt bezieht sich natürlich auf der einen Seite auf das respektvolle Verhalten, das Lehrer von ihren Schülern erwarten. Auf der anderen Seite schließt dieser Begriff auch das respektvolle Verhalten ein, das Lehrer ihren Schülern gegenüber zeigen sollten (vgl. Thaler 2012: 35).

In der Unterrichtspraxis mit schwierigen Lerngruppen ist es jedoch nicht einfach, diesem Vorbildmodell gerecht zu werden. Unterrichtsstörungen, Widerwilligkeit, schlechte Laune der Schüler, aber auch die eigene Tagesform u.v.m. können dazu führen, dass Spannungen auftreten, die das Grundmodell nach Rogers erschüttern lassen. Deshalb ist es besonders wichtig, dass im Englischunterricht und auch im gesamten Schulleben pro-aktiv gehandelt wird.

Ein derartig pro-aktives Vorgehen lässt sich folgendermaßen in einem positiven Modell des Verhaltensmanagements darstellen:

(adaptiertes Modell nach Birkett (2011: 23))

Nach diesem Modell ist ein positives Lernklima die entscheidende Grundlage, um Unterrichtsstörungen pro-aktiv zu begegnen. Wenn diese Grundlage geschaffen wurde, treten Unterrichtsstörungen deutlich seltener auf. Treten dann doch noch einmal Störungen auf, können diese viel leichter durch gezielte Interventionsstrategien beseitigt werden. Falls schwerwiegende Störungen auftreten sollten, können diese nun in der Regel gezielter, überlegter und viel ruhiger angegangen werden.

In diesem Kapitel sollen daher Hinweise gegeben und methodische Möglichkeiten aufgezeigt werden, die dazu beitragen können, eine positive Lernumgebung zu schaffen. Es lohnt sich für die alltägliche Unterrichtsarbeit, diese Hinweise immer im Hinterkopf zu behalten. Das Ergebnis könnte dann sein:

- eine bessere Schüler-Lehrer-Beziehung
- mehr Spaß und Freude am Unterricht mit schwierigen Schülern
- Prävention von Burnout-Symptomen
- Schaffung der Voraussetzungen, damit Unterrichtsaktivitäten auch gelingen
- erfolgreiche Umsetzung der nach Carl Rogers erforderlichen Eigenschaften eines Lehrers (Empathie, Authentizität und Respekt) im eigenen Unterricht

## Have a smile on your face

Dieser Hinweis – *Have a smile on your face!* – klingt vielleicht zunächst banal, ist jedoch so effektiv und wichtig, dass ich ihn hier gleich als Erstes nennen möchte. Ein Lächeln auf den Lippen der Lehrkraft macht vieles leichter und schafft die Grundvoraussetzung für ein positives Lernklima. Ergebnisse aus der Lernforschung zeigen, dass mindestens 82% der menschlichen Kommunikation auf nonverbalem Weg stattfindet (vgl. Nitsche 2009: 13). Das bedeutet, dass eine Schulklasse vielmehr auf die Körpersprache, die Gestik und Mimik und auch die Gemütslage reagiert als auf die gesprochenen Worte. Nonverbale Botschaften sind deutlich stärker als verbale. Für einen Schüler, der einem lächelnden Lehrer gegenüber steht, ist es gar nicht so leicht, einfach zu stören. Gerade in Vertretungsstunden, in denen mich die Schüler nicht (so gut) kennen, erlebe ich immer wieder, dass schwierige Schüler durch die lächelnde Botschaft regelrecht verwirrt sind: „Warum sind Sie so fröhlich?", „Werden Sie doch mal laut!", „Warum schicken Sie mich (oder einen Mitschüler) nicht raus?" sind Sätze, die ich oft zu hören bekomme. Dabei spiegeln die Schüler nur das Verhalten, das sie für gewöhnlich sehen und kennen. Wenn die Lehrkraft mit einer lauten Stimme redet, sind auch die Schüler laut. Redet die Lehrkraft jedoch leise, sind auch die Schüler leise. Lächle ich, dann ist die Chance groß, dass auch bald die Mehrheit der Schüler im Unterricht lächelt und sich das positiv auf das Lernklima auswirkt.
Natürlich gilt auch hier das Prinzip der Authentizität. Ein aufgezwungenes, unnatürliches Lächeln bringt gar nichts. Es lohnt sich jedoch schon, sich vor dem Betreten der Klasse in einen positiven Zustand zu versetzen. Denn dadurch steigen die Chancen immens, dass ich als Lehrer im Unterricht viel mehr lächle und dass sich dies über kurz oder lang auf meine Schüler überträgt.

## Everything okay?

*Everything okay?* ist ein einfacher Satz mit großer Wirkung. Eine negative Grundeinstellung, Apathie, fehlende Motivation und auch störendes Verhalten können ihre Ursache darin haben, dass der Schüler das Gefühl hat, dass sich die Lehrkraft nicht für ihn interessiert (vgl. Breaux/Whitaker 2012: 26). Ein Satz wie „*Everything okay? You're normally not like this in our English lessons*" signalisiert dem Schüler, dass die Lehrkraft sehr wohl das störende Verhalten wahrgenommen hat und sich gleichzeitig auch für den Schüler interessiert. Dieser kurze Satz ist daher ein Schlüsselsatz, um die Kernmerkmale Empathie und Respekt den Schülern gegenüber erfolgreich im Unterricht zur Geltung zu bringen. Die Lehrkraft agiert hier als Wegweiser für angemessenes Verhalten. Wird dem Schüler durch einfache Mittel Wertschätzung signalisiert, steigt die Wahrscheinlichkeit, dass er diese Wertschätzung auch annimmt und ein entsprechend respektvolles und angemessenes Verhalten zeigt.

## Praise them whenever you can!

Schwierige Schüler leiden sehr unter einer fehlenden Wertschätzung des Lernerfolgs (Haß/Kieweg 2012: 28). Sie bekommen schlechte Noten, hören Sätze wie „Das kannst du sicher nicht" und denken schließlich selbst resignativ „Das kann ich sowieso nicht". Eine fatale Spirale negativer Erlebnisse setzt ein und der Schüler hat dann nur durch Fehlverhalten die Möglichkeit, sich zu behaupten. Der Ausweg muss sein, die Aufmerksamkeit auf das Lernen zu lenken. Der Schlüssel zum Erfolg ist es, den Schüler öfters zu loben und positives Verhalten zu bestärken.

Möglichkeiten der positiven Verstärkungen:

### Catch them being good

„Selbst eine stehengebliebene Uhr zeigt zweimal am Tag die richtige Zeit an. So kann auch sie sich nach ein paar Jahren einer langen Reihe von Erfolgen rühmen." (Marie von Ebner-Eschenbach in Nitsche 2009: 101). Selbstverständlich muss im Unterricht auch diszipliniert und dem Schüler aufgezeigt werden, wo die Grenzen sind. Doch von der Tendenz her kommt man als Lehrkraft viel zu schnell in diese Disziplinierungsspirale hinein. Insbesondere schwierige Schüler suchen oft nach Aufmerksamkeit beim Lehrer. Wenn sie diese nicht bekommen, fangen sie an zu stören, um auf diesem Weg die Aufmerksamkeit auf sich zu lenken. Wenn nun der Lehrer zu schnell und zu häufig mit Disziplinierungsmaßnamen auf dieses Fehlverhalten reagiert, kann die Gefahr bestehen, dass so das negative Störverhalten beim Schüler verstärkt wird. Manchmal muss man vielleicht etwas länger suchen, doch bei jedem Schüler gibt es etwas Positives zu entdecken. Breaux/Whitaker (2012: 46f.) beschreiben, dass Lehrer, die erfolgreich mit schwierigen Schülergruppen umgehen, sich in erster Linie auf das Positive und Erfolgreiche beim Einzelnen und im Unterricht konzentrieren. Mit echtem Lob sollte daher nicht gespart werden. Hat ein lernschwacher Schüler ein englisches Wort richtig geschrieben und wird dafür gelobt, steigt die Wahrscheinlichkeit an, dass er nun auch weitere Wörter schreiben will und eher bereit ist, sich an schwierigen Aufgaben zu versuchen. Was für die sprachlichen Fertigkeiten gilt, ist auch für die sozial-emotionalen Fertigkeiten besonders wichtig. Wie bereits bei den Unterrichtsaktivitäten in den Kapiteln 1 und 2.1 ausgeführt, sollten Schüler, die positives Verhalten gezeigt haben, gelobt werden:

| | |
|---|---|
| *You are listening well.* | …wenn ein Schüler einem anderen Schüler oder dem Lehrer zuhört. |
| *This table is ready for working.* | …um den noch abgelenkten oder störenden Schülern zu zeigen, wie das positive Verhalten aussieht. |
| *You have worked together well.* | …wenn Schüler gut zusammen gearbeitet haben. |
| *I really liked that you have helped her.* | …wenn Schüler einem Mitschüler geholfen haben. |
| *These students came early for learning.* | …um zu spät kommende Schüler auf das positive Verhalten hinzuweisen. |
| *Thank you, Tina, for settling so quickly.* | …wenn Schüler sich schnell fokussieren bzw. zur Ruhe kommen. |

## Writing positive comments

Ein lernschwacher Schüler bekommt durch viele Fehler bzw. eine geringe Mindestpunktzahl in der Klassenarbeit viel eher aufgezeigt, was er nicht kann als was er bereits alles kann. Es lohnt sich auch hier, nach den Bereichen in der Arbeit zu suchen, in denen der Schüler bereits Fortschritte gemacht hat und dies mit einer positiven Bemerkung unter die Arbeit zu schreiben.

Eine andere sehr effektive Möglichkeit ist es auch, statt immer nur „Drohbriefe" zu verschicken, ab und an auch „Frohbriefe" an Erziehungsberechtigte zu schreiben bzw. „Frohanrufe" zu tätigen. Dazu werden zu Beginn des Schul(halb)jahres in einer neuen Lerngruppe einfache Formulare verteilt (siehe Kopiervorlage 12, S.68), auf denen die Schüler den Namen der Person ergänzen, die ggf. einen Brief oder Anruf erhalten soll. Es können die Eltern, Großeltern, Geschwister oder andere für sie bedeutsame Menschen sein. Auf dem Formular sollte auch die Adresse und Telefonnummer der zu informierenden Person stehen. Danach gilt es, lernschwache bzw. schwierige Schüler bei gutem Verhalten bzw. guten Leistungen zu „erwischen" und dann einen entsprechenden „Frohbrief" zu schicken oder mitzugeben. Ein Musterbrief befindet sich auf der Kopiervorlage 13 (S.69). Die freien Zeilen können dort vom Lehrer für eine Begründung genutzt werden.

Oftmals meldet sich die Schule dann, wenn es Vorkommnisse negativer Art gegeben hat. Nur ganz selten schreibt jemand, dass sich ein Schüler gut benommen hat. Gerade Eltern von schwierigen Schülern hören vielmehr über Probleme als über positive Dinge. Wenn jedoch nun auch einmal ein Lob geäußert wird, spricht sich das ganz bestimmt in der Familie herum und die Chance ist groß, dass sich diese Anerkennung wiederum positiv auf das Verhalten und Leistungsvermögen des Schülers im Unterricht auswirkt.

## Give them F.I.S.H. to write and send

Bei einem Fortbildungsseminar von Marie Delaney hörte ich folgende Anekdote:

> Es gab in den USA einen Delfintrainer, der äußerst erfolgreich war. Aus diesem Grund wollten andere Delfintrainer dessen Erfolgsgeheimnis ergründen und machten sich auf, um den erfolgreichen Trainer bei seiner täglichen Arbeit zu beobachten. Sie stellten dabei fest, dass er immer dann, wenn die Delfine ein Experiment gut gemeistert hatten, Fische zum Essen verteilte. Daraufhin fragten sich die anderen Trainer, was daran so Besonderes sei. Seine Antwort war klar und wegweisend: „Bei mir bekommen die Delfine auch dann Fische, wenn sie keine besonderen Leistungen erbracht haben."

Marie Delaney hat dies auf den Englischunterricht übertragen. Schüler können ermuntert werden, ihre eigenen „Fische" zu schreiben und anderen Mitschülern zu überreichen (siehe Kopiervorlage 14, S.70). F.I.S.H. steht für *Feedback Is Something Helpful*. Die Notizzettel werden vervielfältigt, ausgeschnitten und im Klassenraum ausgelegt. Immer dann, wenn ein Schüler einem anderen Schüler etwas Positives mitteilen möchte, kann er sich einen F.I.S.H. nehmen und darauf schreiben, was ihm an dem anderen Schüler gefallen hat.

Beispiele hierfür könnten sein:

- *I enjoyed working with you.*
- *It was great that you helped me.*
- *I like your smile.*

In geeigneten Momenten können die Schüler dann ihre F.I.S.H.-Komplimente austauschen. Ein Schüler, der einen F.I.S.H. bekommen hat, sollte dazu ermuntert werden, *thank you* zu sagen. Rituale spielen im Unterricht mit schwierigen Schülern eine wichtige Rolle. Bei konsequenter Umsetzung dieses F.I.S.H.-Rituals wird eine Kultur des Lobens und der Wertschätzung im Unterricht eingeführt.

Bei der Einführung ist es wichtig, dass den Schülern der Sinn erklärt wird. Dazu muss F.I.S.H. als Abkürzung für *Feedback Is Something Helpful* erklärt und die Bedeutung und Wirkung von positivem *Feedback* in Form von Lob, Anerkennung und Komplimenten gemeinsam im Unterrichtsgespräch thematisiert werden. Die einzelnen Schritte werden dann zunächst gemeinsam im Unterricht durchgeführt:

- *Take one F.I.S.H.* (Schüler kann die „Fische" auch an die Schüler austeilen)
- *Write something nice about one student in your class on the F.I.S.H. .*
- *Now stand up, go to the student and pass on your note/compliment.*
- *Say thank you when you get a F.I.S.H..*

Diese Aktivität hilft enorm, positives Verhalten bei den Schülern zu ritualisieren und eine positive Lernatmosphäre im Klassenzimmer zu erzeugen. Es kann durchaus passieren, dass ein Schüler am Anfang keinen F.I.S.H. bekommt. Meist überlegen sich die Schüler dann, wie sie ihr Verhalten verbessern können, um beim nächsten Mal einen F.I.S.H. zu bekommen. Ganz „nebenbei" wird auch die Schreibfertigkeit trainiert und in Arbeitsphasen, in denen schnellere Schüler vielleicht schon mit einer Aufgabe fertig sind, gibt es immer etwas zu tun. Nämlich: *Write a F.I.S.H.!*

Bei der Einführung könnten auch einige weitere Ideen für mögliche Komplimente vom Lehrer als Hilfestellung an die Tafel oder auf ein Poster geschrieben werden:

- *I liked your presentation.*
- *It was great to work in a group with you.*
- *It is good to know that you are my friend.*

## Pause before you react

Die bisher vorgestellten Möglichkeiten, das Lernklima und Schülerverhalten im Unterricht positiv zu beeinflussen, gehen sehr von der Lehrkraft aus. Der Lehrer ist für die Schüler mit seinem Verhalten positives Vorbild (vgl. u.a. die Tipps *Have a smile on your face* und *Everything okay?*) und er ist bemüht, positives Verhalten in der Lerngruppe zu verstärken (vgl. u.a. die Tipps zu *Praise them whenever you can*). Doch häufig treten vor, während oder nach dem Unterricht Situationen auf, die es nicht einfach machen, immer adäquat und vorbildlich zu reagieren. Wichtig ist es, gefühlsmäßig einen möglichst ruhigen und gelassenen Grundzustand zu bewahren.

Wichtige Tipps hierzu wurden bereits erwähnt: Die Hinweise unter *Anchor yourself* (Kapitel 1.1) tragen dazu bei, von Anfang an mit einer positiven Einstellung und in einem gelassenen Zustand in die Klasse zu gehen. Die verbalen und nonverbalen Techniken, die in Kapitel 3 beschrieben werden, helfen, einen positiven Grundton zu wahren. In der Einleitung wurde *It's not me* als wichtiger Leitsatz genannt, der einem verdeutlichen soll, dass die meisten Störungen und unerwartet auftretenden Vorfälle gar nichts mit der eigenen Person zu tun haben. Es ist wichtig, sich als Lehrkraft immer wieder vor Augen zu führen, dass man das Verhalten der anderen nicht direkt ändern kann. Als Lehrkraft kann ich nur immer wieder versuchen, positives Verhalten vorzuleben, zu verstärken und durch geeignete Übungsformen im Unterricht zu trainieren. Was ich jedoch ändern kann, ist meine Reaktion auf eine Störung bzw. auf eine nicht vorhersehbare Situation.

Störungen und Fehlverhalten der Schüler treten meist plötzlich und heftig auf. In solchen Momenten kann es passieren, dass die nervalen und hormonellen Stresssysteme des Körpers stark aktiviert werden. Es wird ein Alarmzustand erzeugt, in dem die Gefahr groß ist, voreilig und unangemessen heftig zu reagieren. Die Lehrkraft kann dann schnell in Konflikte, oftmals nur mit einem Schüler, verwickelt werden. Solche Konflikte können dann dazu führen, dass die ganze Unterrichtsstunde plötzlich „kippt" oder das Lernklima in der Klasse nachhaltig negativ beeinflusst wird. Deshalb ich es wichtig, eine kurze Pause zwischen die Störung und die eigene Reaktion zu schieben:

*Disturbance - Pause - React*

Durch die Pause wird ein zeitlicher Abstand zwischen Störung und eigener Reaktion gesetzt, der es der Lehrkraft ermöglicht, die körperlichen Reaktionen, wie z. B. ansteigende Herzfrequenz oder flacherer Atem, besser zu kontrollieren. Die Lehrkraft gibt dadurch ihre ruhige Grundhaltung nicht auf und kann für sich viel leichter sagen *It's not meant for me*. Die Situation oder Störung kann neu bewertet und positive Interventionsmöglichkeiten können dann leichter und erfolgreicher angewendet werden. Es gibt mehrere Möglichkeiten, um diese Pause zwischen dem Reiz und der eigenen Reaktion herzustellen. Es lohnt sich auch hier etwas zu experimentieren, um herauszufinden, welches für einen persönlich die geeignete Technik ist. Beispiele, die von Kollegen bei einer auftretenden Störung in der Praxis erfolgreich eingesetzt werden, sind:

- innerlich die eigene Telefonnummer rückwärts aufsagen,
- einen Anker einsetzen (z. B. Blick aus dem Fenster und sich ein eigenes positives Bild vorstellen oder einen Punkt am Körper, mit dem man etwas Positives verbindet, berühren),
- die Technik des Atem-Vierecks einsetzen: Dabei wird drei Sekunden lang eingeatmet, drei Sekunden lang der Atem angehalten, drei Sekunden lang ausgeatmet und drei Sekunden lang der Atem wieder angehalten.

## Use a full bag of rituals and routines

Am Anfang eines Schuljahres, wenn ich als Lehrer neu in einer Lerngruppe bin, verfasse ich gerne handgeschriebene Briefe an meine Schüler, in denen ich mich vorstelle und etwas über meine Vorlieben usw. berichte. In diesen Briefen fordere ich die Schüler auch auf, mir einen persönlichen Antwortbrief zu schreiben. Sehr oft kommt in diesen Briefen zum Ausdruck, dass auch schwache und schwierige Schüler eigentlich gerne zur Schule gehen. Ob sie nun in erster Linie wegen des Lernens kommen, sei dahingestellt. Sie kommen aber gerne, weil die Schule ihnen eine gewisse Ordnung und Struktur gibt, die sie zu Hause nicht ohne Weiteres vorfinden. Dieses Gefühl der Ordnung und Struktur gilt es auch im Englischunterricht aufzubauen und konsequent anzuwenden. Sicherlich gehören dazu klare Regeln. Bedeutsam sind aber auch Rituale und Unterrichtsroutinen, die frühzeitig eingeführt und regelmäßig angewendet werden sollten. Mit der Zeit helfen diese, eine klare Struktur für den Englischunterricht zu entwickeln. Die Schüler lernen und wissen dadurch, was von ihnen erwartet wird. Verhaltensweisen können besser gesteuert und das Gelernte kann besser verarbeitet werden.

Viele Übungen, die in Kapitel 1.2. als *focusing activities* beschrieben werden, sind gute Beispiele für Unterrichtsroutinen, wenn sie regelmäßig eingesetzt werden. Die sprachlichen Formulierungen und Signale, die in Kapitel 3 beschrieben werden, sind leicht einsetzbare und ritualisiert zu verwendende Techniken. Interessant ist in diesem Zusammenhang der von Stock und Goldberg (2013: 252f.) beschriebene *Peak-End-Effect*. Bei der Beurteilung eines Ereignisses, also auch einer Englischstunde, erhalten dabei vor allem der Höhepunkt und das Ende der Stunde besonderes Gewicht. Dies trifft sowohl im positiven als auch negativen Sinne zu. Danach ist es also wichtig, dass die Stunde positiv und strukturiert endet. Die Chance ist dann groß, dass die Schüler auch in der Folgestunde wieder gerne in den Englischunterricht kommen. Der Einsatz einer *focusing activity* am Ende der Stunde kann somit motivationale Wunder bewirken. Kurze, den Unterrichtsinhalt der Stunde reflektierende Übungen, tragen zudem dazu bei, dass die Schüler neu erworbenes Wissen und für sie wesentliche Kenntnisse besser lernen und verarbeiten und behalten können. Deshalb sollten am Ende einer Stunde regelmäßig Fragen zur Förderung der Lernbewusstheit gestellt werden, wie z. B.: *What have you learnt today?* oder *What will you take home with you (from this lesson) today?*

Die Schüler wiederholen dann reihum Dinge bzw. Begriffe *(I have learnt the word 'statue' today.)*, Unterrichtsinhalte *(I have learnt a new fun game.)* oder nennen Lernstrategien *(I have learnt how to look up words in the dictionary more quickly.)*. Ggf. könnte den Schülern auch erklärt werden, dass eine Vokabel oder eine Aussage nicht doppelt genannt werden dürfen. So kann auch am Ende der Stunde das gegenseitige Zuhören trainiert werden. In kleineren Gruppen kann dieses Abschlussritual auch dahingehend erweitert werden, dass sich Lehrkraft und Schüler im Kreis aufstellen. Die Lehrkraft beginnt dann, nennt den ersten Begriff und legt dabei seinen rechten Arm auf die Schulter des daneben stehenden Schülers. Dieser setzt dies dann bei dem Schüler rechts von ihm fort usw. Wenn alle Schüler dran waren, beendet der Lehrer das Ritual mit *Thank you. Have a nice day!* (vgl. Nitsche 2009: 176)

# Kapitel 3: Tipps und Tricks zum *classroom management*

Das vorangegangene Kapitel hat aufgezeigt, dass es äußert wichtig ist, eine positive Atmosphäre im Klassenzimmer herzustellen. Wenn ich meine Schüler am Ende des Schultages frage, wie es beispielsweise in der ersten Stunde im Französischunterricht gewesen ist, bekomme ich manchmal keine Antwort und nur selten Informationen über den Inhalt der Stunde. Viel eher erhalte ich jedoch Informationen, was gerade so in der Klasse los war oder wie der unterrichtende Lehrer heute so drauf war. Dies bringt klar zum Ausdruck, dass die Beziehungsebene, die sogenannten *classroom dynamics*, von ganz zentraler Bedeutung ist. Es lohnt sich, die eigene Aufmerksamkeit immer wieder auf diesen Aspekt des Unterrichtsgeschehens zu lenken. In Lerngruppen, die sich gut kennen und sich wertschätzen gelernt haben, treten ernstzunehmende Störungen seltener auf. Die Übungsformen und Ideen, die in den beiden ersten Kapiteln vorgestellt werden, helfen, eine positive Beziehungsebene zu entwickeln und auszubauen.

Doch auch in den besten Lerngruppen gehören Unterrichtsstörungen, Konzentrationsprobleme und Unruhe zum Alltag. Insbesondere bei schwierigen Schülern kommt es immer wieder zu plötzlichen Störungen, die einen als Lehrkraft leicht überrollen können. Lehrer bereiten den Unterricht gut vor und gehen mit dieser Vorbereitung in die Stunde hinein. Wenn jedoch plötzlich eine Störung auftritt, kann es schon einmal passieren, dass eine ganze Unterrichtsstunde zu „kippen" droht. Deshalb empfiehlt es sich, neben der fachlichen und didaktisch-methodischen Vorbereitung, auch einen Plan parat zu haben, wie auf Störungen, Unruhe und Konzentrationsprobleme adäquat reagiert werden kann. Wenn wir uns das adaptierte Modell von Veronica Birkett aus Kapitel 2.2 noch einmal vor Augen halten, bewegen wir uns nun im mittleren Bereich, dem Klassenzimmer-Management.

Im Folgenden möchte ich zehn Techniken vorstellen, mit denen eine schwierige Klasse „gemanagt" werden kann. Es kann sich sehr lohnen, diese Tipps mehrmals durchzulesen und dabei zu reflektieren, welche für die eigene aktuelle Lerngruppe hilfreich sein könnte(n). So lässt sich die eine oder andere Technik für den eigenen Unterricht aneignen. Aus eigener Erfahrung und aus Berichten von vielen Kollegen weiß ich, dass dies zu einer deutlichen Erleichterung für das eigene Unterrichten führen kann. Im Anschluss an die Beschreibung der einzelnen Techniken findet sich am Ende eine Checkliste (S.54), die Ihnen hilft, im eigenen Unterricht den Fokus immer wieder auf die eine oder andere Technik zu lenken, um somit das Erlernte in der Praxis zu trainieren und zu stabilisieren.

Häufige, im Unterrichtsalltag vorkommende Sätze zur Disziplinierung von Schülern lauten:

1. *Be quiet, please.*
2. *Don't be so noisy.*
3. *Why can't you settle down?*
4. *Do you have to do that?* (vgl. auch Rogers 2006: 78)

Die Frage ist nun: Wie reagiert der Schüler auf diese Sätze?
Bevor Sie meine Ausführungen dazu lesen, schlage ich vor, dass Sie die Sätze noch einmal lesen und sich in die Rolle eines Schülers versetzen, der diese Sätze hört.

Mögliche Gedankengänge oder Reaktionen, die diese Sätze auslösen, könnten sein:

zu 1: Das Wort *please* suggeriert dem Schüler, dass er eine Handlungsalternative hat und sich weiterhin laut verhalten kann.

zu 2: Sie kennen den berühmten Satz: „Denken Sie nicht an einen rosa Elefanten." Was passiert? Man denkt unweigerlich an einen rosa Elefanten. Dies liegt daran, dass die Negation vom Gehirn nicht wahrgenommen wird. Folglich kann dies dazu führen, dass der Schüler weiterhin laut ist, ohne es eigentlich böse zu meinen.

zu 3: Der Schüler nimmt zwar wahr, dass der Lehrer sich vom Schülerverhalten gestört fühlt. Er erkennt jedoch keinen echten Anlass, sein Verhalten zu ändern. Möglicherweise ist ihm gar nicht klar, wie das richtige Verhalten aussehen soll. Die Worte *why* und *you* bringen den Schüler in eine defensive Position, in der Unbehagen entsteht. Die Lehrkraft riskiert damit einen möglichen Konflikt im Unterricht.

zu 4: *Yes, of course, because I hate English, school, and I love to show you who is in control here.* Es kann passieren, dass sich Schüler durch diesen Satz provoziert fühlen und es nun der Lehrkraft erst recht „zeigen wollen".

Es gilt daher, ein Augenmerk auf die eigene Sprachwahl im Unterricht zu legen und sich verbale Techniken anzueignen, mit denen viel eher das erwünschte Verhalten erzielt werden kann. Da Kommunikation zum großen Teil auch nonverbal stattfindet, ergänzen Techniken in diesem Bereich das Repertoire für das Klassenzimmer-Management.

## Cueing und tactical pausing

Der Einsatz dieser Technik bietet sich an, wenn die Schüler im Unterricht fokussiert werden sollen. Die Klasse ist beispielsweise zu Unterrichtsbeginn oder nach einer bestimmten Arbeitsphase unruhig und die Lehrkraft will nun sicherstellen, dass sie die Aufmerksamkeit aller Schüler bekommt. Um dieses Ziel zu erreichen, muss die Sprache

- kurz und prägnant sein,
- auf das vom Schüler erwartete Verhalten hinweisen,
- mögliche Konfrontationen vermeiden.

Es bietet sich daher an, kurze Codewörter zu verwenden wie z. B. *Listen – Eyes and ears this way – Settle down – Look at the board* usw. Durch diese Codewörter wird der Fokus ganz klar darauf gelegt, was die Lehrkraft von den Schülern erwartet. Bei Sätzen wie *Justin, you're not listening* kann es leicht passieren, dass der Schüler argumentiert, dass er sehr wohl zuhört. Vielleicht tut er es ja tatsächlich, obwohl er gerade mit anderen Dingen beschäftigt ist. Bei dem Code *Eyes and ears this way* wird dem Schüler dagegen deutlich signalisiert: *Show me that you are listening.*

Wenn die Codes verwendet werden, ist es wichtig, nach jedem Code eine kurze Pause einzulegen: *Listen [pause] – Eyes and ears this way [pause]*. Rogers (2011: 4) benutzt hierfür den Begiff *tactical pausing*. Die Wirkungen, die damit erreicht werden, sind fast schon phänomenal. Diese taktisch eingesetzte Pause erzeugt einen Beruhigungseffekt bei den Schülern und auch bei der Lehrkraft. Lerngruppen mit schwierigen Schülern sind meist sehr lebhaft und es ist von großer Wichtigkeit, Ruhe zu vermitteln, damit die in den ersten Kapiteln beschriebenen Übungen erfolgreich eingesetzt werden können. Zudem wird auch eine wichtige Grundlage dafür gelegt, um in problematischen Situationen selbst ruhig und angemessen reagieren zu können. Regelmäßig eingesetzt wird diese Pause zu einem Signal im Unterricht, das den Schüler darauf hinweist, die Aufmerksamkeit auf das jeweilige Codewort zu lenken. Die Pause ermöglicht es dem Schüler auch, das Gesagte zu verarbeiten.

Die kurzen Codes können allmählich durch nonverbale Zeichen ersetzt werden. Beispielsweise zeige ich bei dem Code *Eyes and ears this way* immer mit einem Zeige- und Mittelfinger auf mein Gesicht. Dadurch wird die Handbewegung mit dem Code verankert. Nach einer Weile kann dann das bloße Zeigen mit den Fingern den gleichen Effekt wie die Codewörter haben. Der Beruhigungs- und Konzentrationseffekt wird damit noch erhöht. *Cueing* und *tactical pausing* zusammen sind demnach sehr wirkungsvolle Techniken, um mehr Aufmerksamkeit und Ruhe bei schwierigen und lernschwachen Schülern zu erzeugen.

## Scan – Focus – Scan

Um die Aufmerksamkeit der ganzen Gruppe zu bekommen, empfiehlt es sich, einen zentralen Standort vor der Klasse auszuwählen. Aufrechtes und ruhiges Stehen signalisiert den Schülern, dass sie zur Ruhe kommen und sich fokussieren sollen. Es ist wirklich wichtig, ruhig zu stehen, denn Herumgehen im Klassenraum erzeugt unterschwellig Unruhe bei den Schülern. Das bloße Warten erzeugt allerdings nur selten den angestrebten Effekt. Es bedarf einer Steuerung durch die Lehrkraft. Aus diesem Grund lässt man als Lehrkraft aus der ruhigen, zentralen Position heraus den Blick langsam über die gesamte Schülergruppe schweifen *(scan)*. Während des Blickkontakts mit den Schülern werden die Schüler z. B. durch Codewörter und taktisches Pausieren fokussiert *(focus)*. Dabei kommt es immer wieder vor, dass einige Schüler immer noch abgelenkt sind. Die Lehrkraft unterbricht daher kurz ihr *scanning* und spricht nun mit Codewörtern diese einzelnen, noch abgelenkten Schüler an: *Daniel [pause] – Thomas [pause] – Laura [pause] – face this way. Thanks*. Danach lässt man den Blick weiter über die Lerngruppe schweifen, bis die Klasse ruhig und aufmerksam ist. Die Schüler sollten ein Feedback erhalten, indem z. B. erst wenn die ganze Klasse fokussiert ist, mit *Good morning* begrüßt oder positive Rückmeldungen gegeben werden: *Great, this class is ready for learning now.*

## Magic word no. 1: Thank you!

In der Einleitung zu diesem Kapitel wurde darauf hingewiesen, dass die Verwendung des Wortes *please* durchaus problematisch sein kann. Dieses Wort wird im Unterricht häufig verwendet und beruhigt einen selbst. Im Grunde ist es das Ziel jeder Lehrkraft ein gutes Verhältnis zu den Schülern zu haben. Mit dem Wort *please* soll trotz aller Ermahnungen und Anweisungen ein höflicher und den Schülern zugewandter Rahmen gewahrt bleiben. Das gewünschte Schülerverhalten bleibt jedoch oft aus, denn in der Aufforderung *Look this way, please* schwächt das Höflichkeitswort die intendierte Aufforderung an die Schüler etwas ab. Aus diesem Grund schlage ich vor, das Wort *please* durch das Wort *thank you* zu ersetzen: *Lennard and Berkan, look this way and listen. Thank you*. Wo liegt der Unterschied? Wenn der Satz auf freundliche Weise gesagt wird, betont man als Lehrkraft viel eher die Erwartungshaltung, die man an die Schüler hat. Der Schüler nimmt nun viel eher wahr, dass er keine anderen Handlungsmöglichkeiten hat. Ich gebe zu, am Anfang ist das möglicherweise etwas gewöhnungsbedürftig, doch der positive Effekt stellt sich bald ein und trägt deutlich zu einem insgesamt positiven Lernklima im Unterricht bei.

## Anchoring

Die Bedeutung des *anchoring* wurde schon mehrmals in diesem Buch erläutert. Den Anker zu werfen ist wichtig, um sich als Lehrkraft selbst in einen positiven Zustand zu versetzen, bevor man eine schwierige Klasse betritt. Gezielt gesetzte Anker in Form von nonverbalen Signalen machen zudem die eigentliche Unterrichtsarbeit effektiver. Ein nonverbales Signal kann allmählich bestimmte Codewörter ersetzen. Nach einer Weile reicht vielleicht ein ruhiges und bestimmtes Zeigen auf die Ohren, am besten gekoppelt mit *thanks,* und die Schüler reagieren in angemessener Weise. Dies ist natürlich eine Art der Konditionierung, mit der sich nicht jeder auf den ersten Blick anfreunden kann. Dennoch funktioniert es und es sollten keine Skrupel bestehen, diese hocheffektive Technik anzuwenden. Die Einsatzbereiche sind vielfältig und der Fantasie des Unterrichtenden sind hier keine Grenzen gesetzt. Wenn ich frontal vor der Klasse stehe und zudem noch meinen Arm hebe, signalisiere ich den Schülern, dass sie ruhig sein und sich fokussieren sollen. Gehe ich an eine bestimmte Stelle im Klassenzimmer und lehne mich mit dem Körper leicht nach vorne und winke die Lerngruppe mit der Hand zu mir, signalisiere ich meinen Schülern, dass sie „näher zusammen rücken" sollen, da nun eine wichtige Mitteilung folgt. Es macht große Freude, wenn eine Geste so gut verankert ist, dass die Schüler sich nach einer Weile selbst nach vorne beugen. Wenn ein Disziplinierungsanker gesetzt werden soll, empfiehlt es sich, an eine ganz bestimmte Stelle im Klassenzimmer zu gehen. Vielleicht hängt ja ein Regelplakat im Raum (siehe Beispiele bei *Group guessing*). Dann wäre es möglich, dort hinzugehen und auf das Fehlverhalten hinzuweisen. Am Ende reicht möglicherweise der einfache Positionswechsel aus, um das Verhalten der Schüler zu steuern.

Anker werden nicht automatisch geworfen. Am Anfang muss den Schülern die Bedeutung des jeweiligen nonverbalen Signals erläutert werden. Wenn die Klasse bei frontaler Lehrerposition und hochgehaltener Hand ruhig geworden ist, bietet es sich an, den Schülern diesen Anker zu erläutern. Ihnen wird bewusst gemacht, dass sie immer dann, wenn die Hand der Lehrkraft hochgehalten wird, ruhig sein sollen. *Anchoring* ist eine sehr effektive und vielfältig einsetzbare Technik des Klassenzimmer-Managements. Zur weiterführenden Lektüre empfehle ich das Buch von Pearl Nitsche „Nonverbales Klassenzimmermanagement" (s. Literaturverzeichnis), in dem weitere Einsatzbereiche des *anchoring* beschrieben werden.

### Getting the noise level down

Wenn Sie ein wenig Zeit im Unterricht übrig haben und eine kleinere Lerngruppe unterrichten, können Sie folgendes Experiment ausprobieren: Teilen Sie die Gruppe in 2–3 Kleingruppen und geben den jeweiligen Gruppen Arbeitsaufträge. Wenn die Gruppen dabei sind, intensiv zu arbeiten und sich auszutauschen, setzen Sie sich zu einer Gruppe dazu. Erläutern Sie dieser Gruppe dann, dass sie bewusst ihre Redelautstärke variieren soll. Nun passiert meist etwas Interessantes: Redet die Gruppe lauter, fängt die Nachbargruppe auch an, lauter zu reden. Redet sie dagegen leiser, führt dies dazu, dass die andere Gruppe leiser wird. Was nun als Experiment funktioniert, klappt auch wunderbar in der Unterrichtspraxis. Im wahrsten Sinne des Wortes kann ich als Lehrkraft eine Klasse „hoch reden" oder „runter reden". Der Lehrer ist auch hier unmittelbares Vorbild und kann steuernd eingreifen. Stellen Sie sich vor, Sie gehen in eine unruhige Klasse und wollen eine wichtige Mitteilung verkünden. Einige Schüler sind abgelenkt und es herrscht eine gewisse Unruhe. Wenn Sie nun anfangen, lauter als die Schüler zu reden, signalisieren sie diesen, ebenfalls lauter zu werden. Die Klasse ist jedoch immer Sieger, spätestens dann, wenn die Lehrkraft heiser wird.

Das Gegenteil führt zum Erfolg. Sie müssen allmählich immer leiser werden. Stellen Sie sich dazu eine Treppe vor. Mit jeder Stufe abwärts auf dieser Treppe reduzieren Sie Ihre Lautstärke ein wenig. Warten Sie, bis die Schüler mitgehen und reduzieren Sie die Lautstärke immer weiter, bis Sie sogar übertreiben. Manchmal kommt es vor, dass ich sogar zu den Schülern flüstere. Wenn nun die Schüler sehr leise reden, wird die Lautstärke leicht auf das Normalniveau angehoben.

Nur in einer bestimmten Situation macht es überhaupt Sinn, lauter zu werden. Nämlich dann, wenn die Schüler gar nicht mitbekommen, dass die Lehrkraft vor ihnen steht. Dies ist häufig in neuen Gruppen oder in Vertretungsstunden der Fall. Hier macht es Sinn, kurzzeitig etwas lauter zu reden, um dann schrittweise mit der Lautstärke herunterzugehen (vgl. Rogers 2011: 57).

*Settle down everyone.*
> Etwas lauter reden als die Schüler, um Aufmerksamkeit zu bekommen

*Look this way*
< leiser werden

*and listen.*
< noch leiser werden, wenn die Schüler beginnen, ruhiger zu werden und sich zu sammeln

*Thanks.*

## Describe, direct and tactically ignore

Wenn in irgendeiner Weise korrigierend auf das Verhalten der Schüler Einfluss genommen werden soll, sollte die Unterrichtssprache positiv und auf das Verhalten der Schüler gerichtet sein: *Look this way. Thanks* anstelle von *Stop talking*.

Als Regel hat sich hier bewährt, den Fokus ausschließlich auf die Verhaltens- bzw. Lernsituation zu richten (*describe*), um dann die Konzentration des Schülers auf die gewünschte Verhaltensweise zu lenken (*direct*): *Jennifer and Lisa, you are talking … eyes and ears this way, thanks* oder *There is paper on the floor … Into the bin, thank you.)*

Rogers (2011: 17) unterscheidet zwischen *primary behaviour* und *secondary behaviour*. Unter die erste Kategorie fällt das eigentliche Fehlverhalten oder die Situation, die gerade Probleme im Klassenzimmer verursacht, also z. B. das Papier, das auf dem Boden liegt. In die zweite Kategorie fallen die vielfältigen, oft unschönen Verhaltensweisen der Schüler, die eigentlich gar nichts mit der ursprünglichen Sache zu tun haben. Beispiele hierfür können das Augenrollen der Schüler, Verweigerung oder abfällige Bemerkungen sein. Es sind aber gerade diese Verhaltensweisen, die sehr belastend sind und dazu führen können, dass die Lehrkraft selbst und möglicherweise die ganze Stunde aus dem Gleichgewicht gerät. Es ist daher hilfreich, diese Formen des *secondary behaviour* taktisch zu ignorieren (vgl. Rogers 2011: 84). Wenn beispielsweise Schüler in die Klasse kommen und noch ihre Mützen aufhaben, könnten sie kurz an die Regeln erinnert werden: *Remember we're in a learning environment. Hats under the table, thanks.* Trotz positiver Formulierung und Fokussierung auf das gewünschte Verhalten, kann es vorkommen, dass der Schüler versucht, zu provozieren oder sich verweigert. In diesem Fall hilft es oft, den Blick abzuwenden, den Augenkontakt zum Schüler zu vermeiden und den Blick im Klassenraum weiter schweifen zu lassen (vgl. *Scan – Focus – Scan*). Dies hat zum einen den Vorteil, dass die Lehrkraft sich von der störenden Situation nicht aus dem Gleichgewicht bringen lässt. Zum anderen bekommt der Schüler wieder Gelegenheit, die Anweisung zu verarbeiten. Zudem wird auch für die Mitschüler der Fokus von dieser störenden Situation weggenommen und der Schüler kann ohne sein Gesicht zu verlieren, die Anweisung der Lehrkraft befolgen.

Es ist erstaunlich, wie gut diese Technik in vielen Situationen funktioniert. Selbstverständlich gibt es bei der Anwendung auch Grenzen, wenn z. B. ein bestimmtes Fehlverhalten immer wieder auftritt oder wenn Gefahr im Verzug ist.

## Choices

Die hier vorgestellten Techniken wie *Describe and direct, Tactical pausing* oder taktisches Ignorieren haben alle zum Ziel, dass der Schüler dahingehend involviert wird, über sein Verhalten nachzudenken. Sätze, die dagegen mit *Why (Why did you do that?)* oder *You are (You are lazy.)* beginnen, kritisieren den Schüler und bringen ihn automatisch in eine eher defensive Rolle. Eine weitere Möglichkeit, den Schüler nicht in eine defensive Rolle zu bringen, ist es, ihm Auswahlmöglichkeiten zu geben.

*Directed choices* beinhalten die Wörter *when … then* oder *after … then: We'll organize a toilet break when I've finished this part of the lesson.* Der Lehrkraft räumt dem Schüler hier eine Wahlmöglichkeit ein, die jedoch klar in Bezug zu den festgelegten Regeln oder Unterrichtsroutinen steht. Die Wahrscheinlichkeit, dass der Schüler das gewünschte Verhalten zeigt, ist hier viel höher, als wenn Sätze mit *must* oder *should* formuliert werden.

Ähnlich verhält es sich mit *consequential choices* wie z. B.: *You can put the phone in your bag or I'll have to ask you to stay after class to discuss your behaviour.* Möglicherweise könnte der Schüler vorher noch einmal an die Regel erinnert werden und bekommt dann wieder eine Wahlmöglichkeit. Entscheidend ist, dass der Schüler den Lehrer nicht als jemanden sieht, der von oben herab auf ihn spricht. Vielmehr wird ihm ein Stück Verantwortung übertragen (vgl. Rogers 2011: 88):

Formulierungen, die dem Schüler Wahlmöglichkeiten geben, sind daher im Unterrichtsalltag mit schwierigen Schülern von zentraler Bedeutung.

## Blocking and broken record technique

Es wurde bereits darauf hingewiesen, wie wichtig es ist, sich als Lehrkraft beim Klassenzimmer-Management auf das eigentliche Fehlverhalten und die Lernsituation zu konzentrieren. Die Technik des taktischen Ignorierens wurde bereits als eine Möglichkeit vorgestellt, sich von den eher sekundären Verhaltensweisen nicht provozieren und aus der Bahn werfen zu lassen.
Zwei weitere äußert effektive Möglichkeiten, um auf zunächst widerwillig reagierende Schüler einzuwirken, sind *blocking* und die *broken record technique*. Die Lehrkraft steht frontal zu der Klasse und versucht, die Schüler zu fokussieren und Aufmerksamkeit herzustellen. Einige Schüler reden noch und die Lehrkraft beginnt durch minimalverbales *cueing* und *tactical pausing* die Fokussierung auch bei diesen Schülern herzustellen. Häufig wenden diese Schüler dann jedoch ein: *We're not the only ones who are talking*. In lernschwachen Gruppen erfolgt diese Reaktion natürlich meist auf Deutsch. Eine aktivere Möglichkeit, mit dieser Schülerreaktion umzugehen, ist es, sie „auszublocken". Dazu wird mit ausgestrecktem Arm die Handfläche zum Schüler erhoben, um ihm mit diesem Stoppsignal zu zeigen, dass es darum gar nicht geht. Vielmehr wird die ursprüngliche, kurze Anweisung wiederholt: *Kevin…Steven…face this way and listen. Thank you*. Der Lehrerfokus geht dann wieder zurück auf die ganze Klasse. Es kann natürlich durchaus sein, dass die Lehrkraft dabei das Gefühl hat, auf die Schülerreaktion nicht einzugehen. Deshalb könnten nach dem „Ausblocken" der Schülerreaktion auch Hinweise folgen wie: *I'll come back to you when you talk in a quiet voice.* oder *I'll come back to you when you show me that you are listening* (vgl. Rogers 2011: 88).
Für einen guten und harmonischen Ablauf der Unterrichtsstunde sollte es oberstes Gebot sein, den Blick auf die ganze Klasse nicht zu verlieren. Wenn nun eine Situation auftritt, in der ein Schüler trotz *blocking* und taktischem Ignorieren keine Ruhe gibt, könnte die Anwendung der *broken record technique* helfen (vgl. Birkett 2011: 41). Dazu wiederholt die Lehrkraft ruhig und bestimmend die Anweisung, geht aus ihrer zentralen Position langsam auf den Schüler zu und wiederholt die Anweisung.

**Teacher:** *Steven … look to the front and listen. Thanks.*
**Student:** *Yes … no … but*
**Teacher:** *Steven … look to the front and listen. Thanks.*
**Student:** *Yes … no … but*
**Teacher:** *Steven … look to the front and listen. Thanks.*

Wenn der Schüler nun aufhört, zu argumentieren und sich angemessen verhält, geht die Lehrkraft wieder mit langsamen Schritten zurück in die zentrale Position. Diese Technik hat mir schon oft geholfen, eine problematische Situation bereits im Vorfeld zu deeskalieren.

## Classroom management techniques at a glance
### Checkliste zum schnellen Einsatz im Unterricht

| Cueing | Kurze Codewörter verwenden, die das gewünschte Verhalten beschreiben: *Listen – eyes and ears this way* |
| --- | --- |
| | Nonverbale Signale geben: z. B. mit dem Zeige- und Mittelfinger auf die eigenen Augen zeigen (Signal zum Nach-vorne-gucken) |
| Tactical pausing | Eine kurze Pause nach einer Anweisung machen: *Settle down* [Pause] *Look this way thanks* [Pause] *Look this way and listen* [Pause] |
| Scan – Focus – Scan | Aus zentraler Position den Blick über die Klasse schweifen lassen und noch abgelenkte Schüler kurz angucken: *Daniel … Thomas … Face this way, thanks* und/oder nonverbale Signale an die Schüler geben |
| Anchoring | Bestimmte Signale mit einer erwünschten Verhaltensweise verbinden, z. B.: |
| | In zentraler Position den Arm heben*: Ruhe und Fokussierung* |
| | Mit dem ausgestreckten Arm kurz auf einen Schüler zeigen*: Einem Schüler signalisieren, dass er sich wieder fokussieren soll.* |
| | Sich nach vorne lehnen und ans Kinn fassen: Eine wichtige Mitteilung machen |
| Describe and direct | *Michael* [Pause] *You're still chatting.* [Pause] *Eyes and ears this way, thanks.* |
| Tactical ignoring | Sekundäre Verhaltensweisen der Schüler (z. B. grinsen, mit den Augen rollen, stöhnen usw.) ignorieren und sich ausschließlich auf die primären störenden Verhaltensweisen konzentrieren: *Laura, you've got a can of perfume and I can see that you've sprayed it around the room.* (Beschreibung des Verhaltens) *I want you to put it on my desk or put it away in your bag. Thanks* (= directed choice) |
| Getting the noise level down | *Good morning.* (Etwas lauter als die Schüler) *Settling down* (Etwas leiser als die Schüler) *Eyes and ears this way, thanks* (Noch etwas leiser als die Schüler) *Today we're going to …* (Normale Lautstärke) |
| Choices | *Yes, you can work on the drawing when you've finished the diary entry.* (= directed choice) *You can work quietly at your table or I'll have to ask you to work separately.* (= consequential choice) |
| Broken record technique | "Chris, you've chosen to sit at the back." "Yes, but … no, but …" "Chris, you've chosen to sit at the back." "Yes, but … no, but …" "Chris, you've chosen to sit at the back." etc. |
| Blocking | Der Schüler macht eine unpassende Bemerkung > Mit ausgestrecktem Arm die Handfläche zum Schüler zeigen Fokussierung auf das gewünschte Verhalten: *Kevin (…) face this way and listen, thanks.* |

*adaptiert nach Bill Rogers*

Edition Didaxis - **Keys to teaching weaker students**  Kopiervorlage 1

## Show me how you feel today

| Number of pupils | | | |
|---|---|---|---|
| 32 | | | |
| 31 | | | |
| 30 | | | |
| 29 | | | |
| 28 | | | |
| 27 | | | |
| 26 | | | |
| 25 | | | |
| 24 | | | |
| 23 | | | |
| 22 | | | |
| 21 | | | |
| 20 | | | |
| 19 | | | |
| 18 | | | |
| 17 | | | |
| 16 | | | |
| 15 | | | |
| 14 | | | |
| 13 | | | |
| 12 | | | |
| 11 | | | |
| 10 | | | |
| 9 | | | |
| 8 | | | |
| 7 | | | |
| 6 | | | |
| 5 | | | |
| 4 | | | |
| 3 | | | |
| 2 | | | |
| 1 | | | |

**On task or off task?**

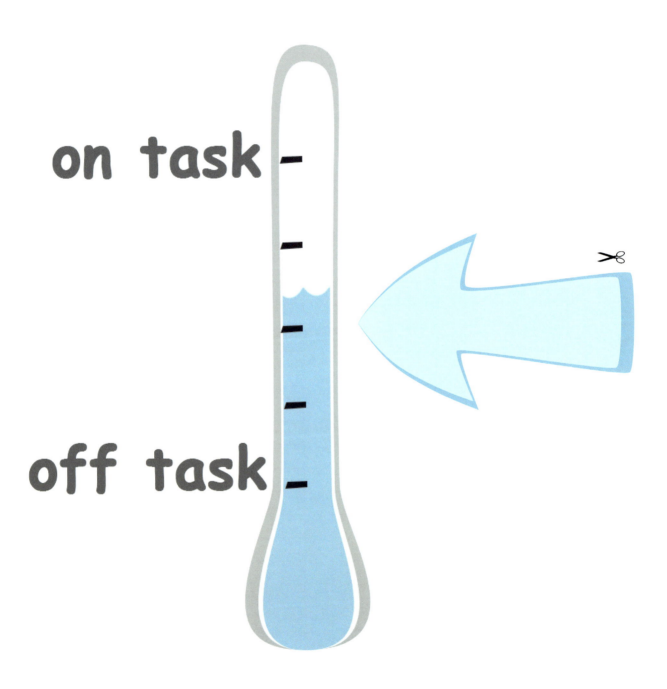

## Matching game – The year

Write a question on each question card (Q) that has something to do with the week, the months or the year. Add the right answer (A), too.
Then cut out the cards and mix them up.
Swap cards with a partner.

| Question | Answer |
|---|---|
| Q: What is the first month of the year? | A: |
| Q: What is the shortest month? | A: |
| Q: What begins on 1st January? | A: |
| Q: How many days are in one week? | A: |
| Q: How many seasons are in one year? | A: |
| Q: What do we call the first day of a new week? | A: |
| Q: In which month of the year do we celebrate Christmas? | A: |
| Q: How many days of the week begin with the letter 'T'? | A: |
| Q: | A: |
| Q: | A: |

## Matching game

Write a question on each question card (Q) that has something to do with
_____ (topic). Add the right answer (A), too.
Then cut out the cards and mix them up.
Swap cards with a partner.

**Question** | **Answer**

Q: _____

*(10 blank Q/A card pairs for students to complete)*

## Teacher as CD player

Work with a partner.
Cut out the paper stripes. Each of you gets nine slips of paper.

a. Your teacher is going to dictate 18 words. Take turns with your partner to write down the words.

b. With your partner, find the word pairs. Put the right cards together.

Teacher as CD player    - Teacher's material only

## Unterrichtsablauf

### 1. Instruktion:
*This is a dictation. One word, one slip of paper. Take it in turns. Student A writes the first word, student B the second, student A the third and so on.*

*I am a CD player. You can control me. I have three buttons: stop, rewind, play. When you say 'stop' I will stop dictating. When you say 'rewind' I will go back. And when you say 'play' I will start dictating.*

### 2. Diktieren folgender Wörter:

for • upstairs • smoke • no • out • meat • phone • eat • run • box • be • off • feel • cigarettes • get • sorry • take • idea

### 3. Nachdem die Schüler die Wortpaare zusammengelegt haben, werden die folgenden Sätze vorgelesen. Die Schüler ergänzen mündlich die entsprechenden Kollokationen.

1. Yesterday I forgot my mobile phone, so I had to go to the _____ (phone box).
2. Your book is on the 3rd floor? So quickly _____ (run upstairs).
3. Frank only eats vegetables, so he doesn't_____ (eat meat).
4. When I don't know the English word for a German word, I say _____(no idea).
5. Before you go to bed, you _____ (take off) your clothes.
6. Students are not allowed to _____ (smoke cigarettes) in school.
7. There was a fire in the house, but Sally could _____ (get out) quickly.
8. You can't see the chair in here because it is too dark. So try to _____ (feel for) it.
9. Whenever you do something wrong, _____ (be sorry) for it.

### 4. Gesten / Bewegungen vormachen, die Schüler nennen die Kollokationen (zunächst macht der Lehrer vor, dann paarweise die Schüler).

## Easy or difficult? A football cool down

Write the names of the exercises or activities you did in the white patches of the football. Were they easy or difficult for you? Make a tick (✓) or a cross (x).

✓ means that you found it easy.

X means that you found it difficult.

## What do you like doing?

a. Write down some questions to find out what your classmates like doing.
For example: Do you like swimming?

b. Interview your classmates.

c. Now look at your notes. What do you have in common with your classmates?

| Do you like... | "YES" - answer  Name: | "NO" - answer  Name: |
|---|---|---|
| ? | | |
| ? | | |
| ? | | |
| ? | | |
| ? | | |
| ? | | |
| ? | | |

## Quick surveys

| Quick survey – question: _____ ? | Make a tally list for your results, e.g. IIII | Quick survey – question: _____ ? | Make a tally list for your results, e.g. IIII |
|---|---|---|---|
| | | | |
| | | | |
| | | | |

**Language help – Talking about your survey:**
I found it interesting that …
It was surprising that …
I interviewed X people …
The result of my survey is that …
X out of the Y people I interviewed…That is…percent.

**Language help – Talking about your survey:**
I found it interesting that …
It was surprising that …
I interviewed X people …
The result of my survey is that …
X out of the Y people I interviewed…That is…percent.

| Quick survey – question: _____ ? | Make a tally list for your results, e.g. IIII | Quick survey – question: _____ ? | Make a tally list for your results, e.g. IIII |
|---|---|---|---|
| | | | |
| | | | |
| | | | |

**Language help – Talking about your survey:**
I found it interesting that …
It was surprising that …
I interviewed X people …
The result of my survey is that …
X out of the Y people I interviewed…That is…percent.

**Language help – Talking about your survey:**
I found it interesting that …
It was surprising that …
I interviewed X people …
The result of my survey is that …
X out of the Y people I interviewed…That is…percent.

## Mini-talks: Listen and talk

**Possible topics for your talk:**

| | |
|---|---|
| going shopping | *Einkaufen gehen* |
| watching TV, e.g. favourite TV show | *Fernsehen* |
| going to school | *zur Schule gehen* |
| going to the cinema | *ins Kino gehen* |
| playing an instrument | *ein Instrument spielen* |
| going to parties | *auf Partys gehen* |
| playing games | *Spiele spielen* |
| going to friends' houses | *Freunde besuchen gehen* |
| visiting relatives | *Verwandte besuchen gehen* |
| looking after other children | *auf andere Kinder aufpassen* |
| playing on the computer | *am Computer spielen* |
| using my mobile phone | *mein Handy benutzen* |
| writing text messages | *SMS schreiben* |
| cooking | *Kochen* |
| chilling out | *chillen, entspannen, sich erholen* |
| reading books, magazines or comics | *Bücher, Zeitschriften oder Comics lesen* |

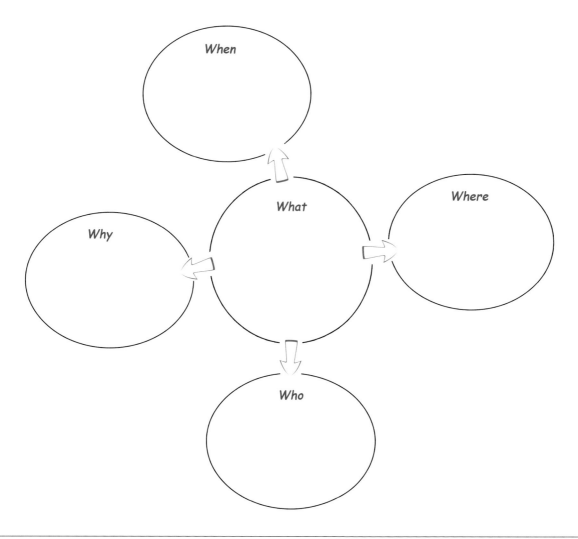

**You can use these phrases when giving a mini-talk:**

| | |
|---|---|
| I'd like to talk about … | *Ich möchte gerne über … reden.* |
| I love … (e.g. playing football). | *Ich mag es, (Fußball zu spielen).* |
| Sometimes … | *Manchmal…* |
| I often … (e.g. eat chocolate). | *Oft (esse ich Schokolade).* |
| It's interesting for me because … | *Es ist für mich interessant, weil…* |
| It's important for me because … | *Es ist wichtig für mich, weil…* |
| I also like … | *Ich mag auch…* |
| Let me give an example. … | *Lass mich ein Beispiel geben.* |
| Firstly, … / My first point is … | *Erstens … / Mein erster Punkt ist …* |
| Secondly, … / My second point is … | *Zweitens … / Mein zweiter Punkt ist …* |
| Thirdly, … / My third point is … | *Drittens … / Mein dritter Punkt ist …* |
| Thank you for listening to me. | *Danke, dass du/ihr mir zugehört hast/habt.* |

## Team building

| We | have | more | fun | when |
| we | work | as | a | team |

| Teamwork | means | bringing | out | the |
| best | in | each | other | |

| None | of | us | is | as |
| smart | as | all | of | us |

## Group guessing

a. Write a statement about your class.
b. Walk around in class and interview pupils.

Make a tally list for all the 'yes' answers.

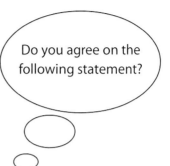

**Number of "yes" answers:**

| | |
|---|---|
| **None of us ...** <br><br> _____ <br><br> _____ | |
| **A few of us ...** <br><br> _____ <br><br> _____ | |
| **Some of us ...** <br><br> _____ <br><br> _____ | |
| **Most of us ...** <br><br> _____ <br><br> _____ | |
| **All of us ...** <br><br> _____ <br><br> _____ | |
| **Only very few of us ...** <br><br> _____ <br><br> _____ | |

## Who should know a student did well?

---

Student's name:

_____

I'd like

_____
*(name)*

to know that I did well.

The address is:

_____
*(Street and number)*

_____
*(Postal code and city)*

Phone: _____

Student's signature:

_____

---

Student's name:

_____

I'd like

_____
*(name)*

to know that I did well.

The address is:

_____
*(Street and number)*

_____
*(Postal code and city)*

Phone: _____

Student's signature:

_____

---

Student's name:

_____

I'd like

_____
*(name)*

to know that I did well.

The address is:

_____
*(Street and number)*

_____
*(Postal code and city)*

Phone: _____

Student's signature:

_____

---

Student's name:

_____

I'd like

_____
*(name)*

to know that I did well.

The address is:

_____
*(Street and number)*

_____
*(Postal code and city)*

Phone: _____

Student's signature:

_____

## "Frohbrief"

_____
_____
_____

*(Feld für Schulstempel)*

An:

_____
_____
_____


**Betreff:** *Well done!* - Gut gemacht          Datum: _____


Sehr geehrte(r) Frau/Herr _____,

ich freue mich, Ihnen mitteilen zu können, dass ich _____

am _____ im Englischunterricht loben konnte.

_____

_____

_____

_____

Ich bin mir sicher, dass Sie sich genauso wie ich darüber freuen und stolz sind.

Viele Grüße

_____

**F.I.S.H.**

| To: _____ | To: _____ |
| From: _____ | From: _____ |
| **F**eedback **I**s **S**omething **H**elpful | **F**eedback **I**s **S**omething **H**elpful |
| To: _____ | To: _____ |
| From: _____ | From: _____ |
| **F**eedback **I**s **S**omething **H**elpful | **F**eedback **I**s **S**omething **H**elpful |
| To: _____ | To: _____ |
| From: _____ | From: _____ |
| **F**eedback **I**s **S**omething **H**elpful | **F**eedback **I**s **S**omething **H**elpful |

# Literatur

- Birkett, Veronica: Manage and teach children with challenging behavior. LDA, Netherfield 2005.
- Breaux, Annette/Whitaker, Todd: 50x Schülerverhalten verbessern. Beltz Verlag, Weinheim 2012.
- Davis, Paul/Rinvolucri, Mario: Dictation. Cambridge University Press, Cambridge 1989.
- Delaney, Marie: What could I do with a kid who… Worth Publishing, London 2010.
- Delaney, Marie: Teaching the Unteachable. Worth Publishing, London 2009.
- Dodge Judith: Differentiation in Action. Scholastic, New York 2005.
- Dörnyei, Zoltan: Motivational Strategies in the Language Classroom. Cambridge University Press, Cambridge 2001.
- Erikson, Erik H.: Kindheit und Gesellschaft. Klett-Cotta, Stuttgart 1995.
- Griffiths, Griff/Keohane, Kathy: Personalizing Language Learning. Cambridge University Press, Cambridge 2000.
- Haß, Frank/Kieweg, Werner: I can make it! Englischunterricht für Schülerinnen und Schüler mit Lernschwierigkeiten. Klett/Kallmeyer, Seelze 2012.
- Hattie, John: Visible Learning for Teachers. Routledge, New York 2012.
- Keeling, David/Hodgson, David: Invisible Teaching. Crown House Publishing, Bancyfelin 2011.
- Kieweg, Werner: "Lernschwierigkeiten überwinden". In: Der Fremdsprachliche Unterricht Englisch 119/2012, 2-9.
- Kieweg, Werner: "Mit Lernschwierigkeiten umgehen, Lernschwierigkeiten umgehen". In: Der Fremdsprachliche Unterricht Englisch 119/2012, 10-13.
- Klippel, Frederike: Lernspiele im Englischunterricht. Schöningh, Paderborn 1980.
- Nitsche, Pearl: Nonverbales Klassenzimmermanagement. Inge Reichardt Verlag, Untermeitingen 2009.
- Portmann, Rosemarie: Die 50 besten Spiele für mehr Selbstvertrauen. Don Bosco Medien, München 2011.
- Portmann, Rosemarie: Die 50 besten Spiele für mehr Sozialkompetenz. Don Bosco Medien, München 2009.
- Prodromou, Luke/Clandfield, Lindsay: Dealing with Difficulties. Delta Publishing, Peaslake 2007.
- Rinvolucri, Mario/Puchta, Herbert: Multiple Intelligences in EFL. Helbling Languages, Cambridge 2007.
- Rogers, Bill: Cracking the Hard Class. Paul Chapman Publishing, London 2006.
- Rogers, Bill: Classroom Behaviour. Paul Chapman Publishing, London 2011.
- Rogers, Carl: Lernen in Freiheit. Zur Bildungsreform in Schule und Universität. Kösel, München 1984.
- Stock, Christian/Goldberg, Joachim: Genial einfach entscheiden. Finanzbuchverlag, München 2013.
- Thaler, Engelbert: Englisch unterrichten. Cornelsen Verlag, Berlin 2012.
- Thornbury, Scott/Meddings, Luke: Teaching Unplugged. Delta Publishing, Peaslake 2009.
- Ur, Penny/Wright, Andrew: Five-Minute Activities. Cambridge University Press, Cambridge 1992.
- Willis, Clarissa: Creating Inclusive Learning Environments for Young Children. Corwin Press, Thousand Oakes 2009.
- Winnicott, D.W.: Playing and Reality. Penguin, Harmondsworth 1971.
- Wright, Andrew u.a.: Games for Language Learning. Cambridge University Press, Cambridge 2006.